LE GUIDE PRATIQUE DU PENDULE

W0295595

Tous droits réservés. Toute reproduction, même partielle, de cet ouvrage est interdite.
Une copie ou toute reproduction par quelque moyen que ce soit constitue
une contrefaçon passible des peines prévues par la loi du 11 mars 1957
et la loi du 3 juillet 1985 sur la protection des droits d'auteur.

L'édition originale de cet ouvrage a été publiée
chez Uitgeverij Schors, Amsterdam, sous le titre Het Praktisch Pendelboek
© W.N. Schors, 1984

La première édition en langue française a été publiée
par les Éditions Yva Peyret, Corcelles-le-Jorat (Suisse)
© Yva Peyret Éditeur, 1996

© 2014, 2021 – Éditions TrajectoirE
Une marque du groupe éditorial PIKTOS
355, rue de la Montagne Noire – 31750 Escalquens

Ce livre ne peut être vendu séparément du coffret
ISBN du coffret : 978-2-84197-829-8

D. JURRIAANSE

LE GUIDE PRATIQUE DU PENDULE

Éditions TrajectoirE

L'APPRENTISSAGE DU PENDULE

Choix du pendule

Un pendule peut être en or, en argent, en métal, en cuivre, en bronze, en bois ou en verre.

Si vous êtes débutant, essayez de vous procurer un pendule fabriqué à partir de la matière avec laquelle votre signe astral se trouve en harmonie.

La forme du pendule est importante. Portez de préférence votre choix sur l'un de ceux qui se terminent en pointe. La figure 1 en donne plusieurs variantes.

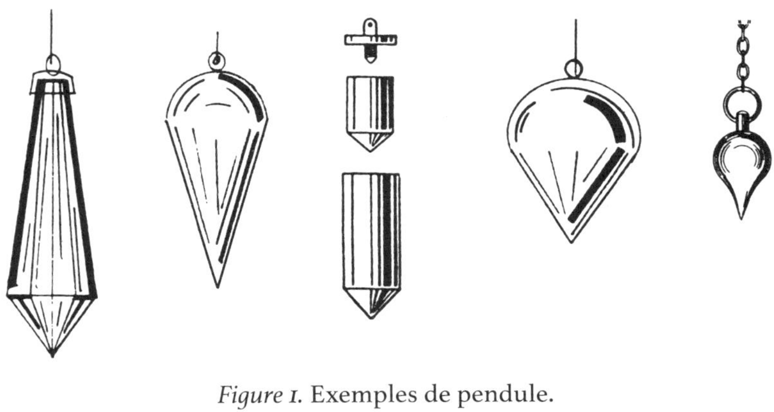

Figure 1. Exemples de pendule.

Lors de vos premières expériences, il vaut mieux employer un pendule pas trop lourd ; il ne devrait pas peser plus de 10 à 25 grammes. Quant à la chaîne ou au fil de soie auquel il est suspendu, leur longueur idéale se situe entre 20 et 30 centimètres. Pour avoir une grandeur de référence approximative, vous pouvez prendre la longueur de votre avant-bras, mesurée depuis le coude jusqu'au poignet.

Comment s'en servir

Pour un débutant, la meilleure façon de procéder est la suivante : vous appuyez fermement votre coude sur une table et maintenez le pendule un ou deux centimètres environ au-dessus de l'objet à « examiner ». Les muscles de votre bras et de votre main doivent être parfaitement détendus. Ne vous crispez pas inutilement.

Cherchez alors à vous plonger dans un « état de neutralité totale », sans penser à quoi que ce soit de particulier ou de concret. Mettez-vous par exemple dans la peau de quelqu'un qui est dans l'expectative d'un événement mais ignore tout de ce qu'il sera. Le corps et l'esprit doivent donc être bien décontractés de manière à ce qu'aucune énergie inutile n'interfère.

Tenez votre pendule de la main droite, **même si vous êtes gaucher**. Quant à la main gauche, elle doit être complètement relâchée, posée sur le dos, le pouce et les doigts légèrement écartés. Il est important qu'il n'y ait pas de contact entre ce pouce et ces doigts ; autrement dit, ils ne doivent se toucher à aucun moment car leur propre polarité pourrait dans ce cas perturber l'expérience.

Après ces préparatifs, placez un objet en or devant vous, sous votre pendule, et attendez tranquillement ce qui va se passer. Lorsque les premiers mouvements du pendule se manifesteront, vous vivrez une expérience unique parce que vous saurez alors, sans aucun doute possible, que ce ne sont ni votre bras, ni votre main, ni vos doigts qui les auront provoqués. Vous aurez pleinement conscience de faire partie d'un champ infini de forces cosmiques et vous constaterez que ce sont elles, précisément, qui agissent à travers vous. Tout aussi clairement, vous comprendrez que vous êtes capable de percevoir ce champ de forces tant en vous-même qu'autour de vous. Avec la pratique, vous aurez de moins en moins besoin de suivre les indications données ci-dessus.

Oscillations

Le pendule peut décrire trois figures de base : le cercle, l'ellipse, la ligne droite. Ces mouvements sont généralement bien différenciés mais il existe toutefois une multitude de variantes possibles. La figure 2 (p. 9) donne une vue d'ensemble de la diversité des mouvements.

Lorsque vous utilisez le pendule, ne quittez pas du regard la pointe de sa base. Veillez à ne pas influencer ses oscillations en pensant à la réponse que vous aimeriez recevoir. Ne « décrivez » pas non plus du regard un mouvement imaginaire ; les résultats s'en trouveraient faussés.

Préparatifs

Tous les objets que vous avez décidé d'examiner avec votre pendule doivent être préalablement débarrassés des radiations étrangères susceptibles de perturber l'expérience. Ce « nettoyage » peut s'effectuer en passant simplement l'objet pendant quelques minutes sous l'eau courante (pour autant que sa taille le permette), à moins que vous ne choisissiez de le magnétiser. Pour ce faire, plaçez votre main *gauche* au-dessus – mais pas trop loin – de l'objet et pratiquez quelques respirations profondes. À chaque inspiration, imaginez que toutes les énergies étrangères à l'objet viennent se coller dans votre paume, comme si celle-ci les aspirait. Secouez vigoureusement la main de temps à autre, comme si elle était mouillée et que vous vouliez en faire tomber l'eau. Sitôt que le pendule reste immobile au-dessus de l'objet, c'est que toutes les énergies étrangères ont été éliminées et le travail peut commencer.

Est-il besoin de préciser que votre pendule doit lui aussi être gardé à l'abri des radiations étrangères ? En d'autres termes, personne d'autre que vous n'a le droit de s'en servir. Portez-le si possible sur vous, dans du tissu de soie.

Avant toute utilisation, prenez l'habitude de charger votre pendule. Voilà comment faire : vous le prenez dans la main droite et vous pratiquez plusieurs respirations profondes. Pensez très fort que chacune de vos expirations le remplit petit à petit de votre propre force vitale. N'oubliez jamais que votre capacité d'imagination est l'outil le plus puissant dont vous disposez.

Expérimentation

Pour commencer, je vous propose une expérience destinée à déterminer quelles sont les réactions du pendule – cercle, ellipse, ligne droite – lorsqu'il est mis en présence de minéraux (tableau n° 1, p. 10). Cela permettra, par la même occasion, d'expérimenter les angles – entre 0 et 360 degrés – qu'il décrit dans ses mouvements (voir également la carte pendulaire n° 5, *Valeurs dynamiques*).

Pour cette première expérience, je pars de l'idée que votre pendule est en or ou en cuivre. Tenez-le en suivant les conseils donnés à la page 6 et placez-le au-dessus d'un objet en or. Vous allez constater qu'il se met à tourner du côté droit en décrivant des cercles de plus en plus larges. L'amplitude du mouvement dépend de la pureté de l'or utilisé. Un cercle de même sens s'obtient avec le radium, l'uranium, le calcium, le cuivre, le manganèse et le platine.

Figure 2. Oscillations (formes).

En revanche, si vous tenez votre pendule au-dessus d'un objet en argent, le mouvement s'amorcera vers la gauche et tendra à prendre une forme elliptique. Une figure identique et de même sens s'obtient avec le fer, le nickel, l'aluminium, le soufre, le plomb, le cadmium et quelques autres substances minérales.

C'est intentionnellement que je vous ai proposé de commencer à utiliser votre pendule avec de l'or et de l'argent. En effet, cette expérience était destinée à vous faire découvrir que les oscillations du pendule correspondent avec les mouvements internes des polarités les plus importantes : or-argent, soleil-lune, mâle-femelle, esprit-matière, positif-négatif, dynamique-réceptif. La rotation du pendule dans le sens des aiguilles d'une montre (vers la droite) indique que la radiation est *mâle*, alors qu'elle détermine une radiation *femelle* lorsqu'elle s'opère vers la *gauche*.

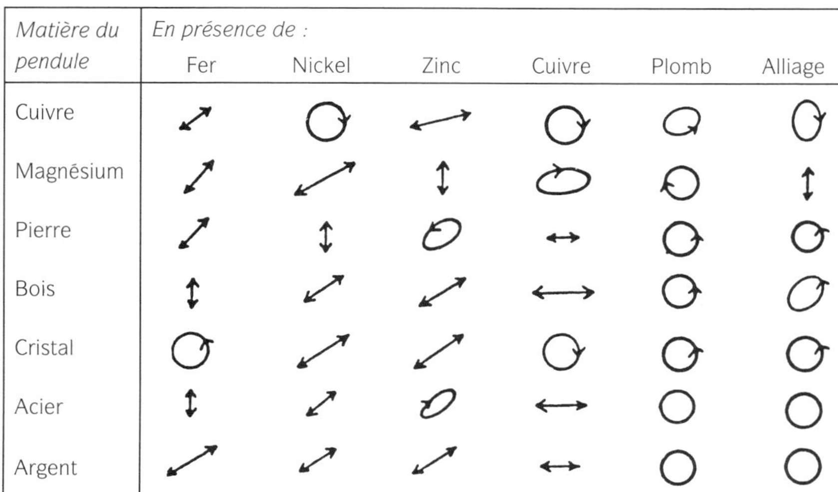

Tableau 1. Oscillations en présence de différentes matières.

Si vous répétez l'expérience avec des matières inorganiques, des combinaisons chimiques, des fossiles, des plantes, des substances aromatiques (parfum par exemple), des condiments, des aliments, etc., vous verrez que la variété des réactions est infinie. Attendez toutefois d'avoir une maîtrise d'utilisation parfaite de votre pendule et de bien comprendre ses réponses avant de vous « lancer ».

Passons maintenant à l'étape suivante ! Nous allons « travailler » sur des couleurs. Prenez des feuilles de papier de couleur ou colorez-en quelques-unes avec de la peinture à l'eau. Il s'agit de bien observer les mouvements effectués par le pendule au-dessus de telle ou telle couleur et de les noter soigneusement pour pouvoir ensuite comparer vos résultats avec ceux qui sont indiqués dans le tableau n° 2 ci-dessous.

Lorsque des réponses claires et identiques finissent par se répéter à chaque expérience, vous êtes prêt à passer à la troisième étape.

Couleurs	*Matière du pendule :*						
	Cuivre	Magnésium	Pierre	Bois	Cristal	Acier	Argent
Bleu ciel	↔	↺	↻	↕	⤢	↔	○
Bleu foncé	↻	↺	↔	↻	↕	↺	⤢
Vert	↺	↺	⤡	⤡	↻	↺	↻
Rouge	↻	⤢	↻	↻	↺	↻	↻
Noir	↻	↺	↔	↕	↔	↻	↺
Vermillon	⤢	↻	↕	↻	↻	↺	↔

Tableau 2. Oscillation en présence de couleurs.

À partir de maintenant, vous n'avez plus besoin de donner un appui – coude sur la table – au bras qui tient le pendule. Vous pourrez ainsi vous déplacer librement et passer de l'« expérience-forme » à l'« expérience-degrés », autrement dit d'étudier les oscillations en degrés de votre pendule.

Tout objet possède un nombre de degrés qui lui est propre et vous pouvez le découvrir à l'aide de votre pendule. Servez-vous de la carte des valeurs dynamiques (n° 5) sur laquelle figure un cercle gradué avec l'indication des quatre points cardinaux. Procédez à des expériences et, comme vous l'avez fait précédemment pour les couleurs, comparez vos résultats avec les données de la table qui se trouve en regard de la carte n° 5. Celle-ci comporte une liste des principaux éléments et substances, avec leur nombre de degré respectif. Elle vous servira de référence en cours d'entraînement. Quant à vous, ne perdez pas de vue que votre rôle se limite à celui de ligne conductrice.

Arrivé à ce niveau d'expérimentation, vous voilà en mesure de franchir un nouveau pas : utiliser le pendule sur les êtres humains.

Avec l'aide du pendule, vous pouvez examiner les différentes parties du corps. La force des radiations vous donne des indications sur la condition physique et mentale de l'individu, sur son caractère, son sexe.

C'est ainsi que vous serez à même de déterminer si un individu a une polarité inversée ou s'il souffre d'un déséquilibre psychique. Par exemple, des mouvements du pendule, plutôt elliptiques que circulaires sur un homme signifient que ce dernier a une plus forte polarité féminine que masculine. C'est au voisinage des organes sexuels que le pendule va réagir le plus nettement. Les oscillations montrent tout de suite clairement si l'on est en présence d'une force vitale solaire ou lunaire.

Pour connaître la polarité réelle d'une personne, « auscultez » ses pouces. Dans un cas normal, le pendule décrit de larges cercles : dans le sens des aiguilles d'une montre au-dessus du pouce gauche ; à l'inverse des aiguilles d'une montre au-dessus du pouce droit.

Le pendule est également bien indiqué pour obtenir une information précise sur le degré de développement spirituel de quelqu'un.

Si vous le tenez, avec toute la concentration voulue, au-dessus de la racine du nez, vous pouvez découvrir les principales motivations de la personne. Dans un cas normal, le pendule tourne dans le sens des aiguilles d'une montre.

Il y a une foule de conclusions à tirer à partir du nombre, de la grandeur et de la forme des oscillations du pendule. Par exemple, il arrive que le mouvement décrit au-dessus du cœur ou de la tête ait la forme d'un triangle dont le sommet (les plus longs côtés) s'oriente vers le haut. Cette particularité dénote un développement spirituel élevé (tableau n° 3, p. 14).

En tenant votre pendule au-dessus de la poitrine de quelqu'un, vous sentez toute la force qui irradie de ses poumons. Si la personne avec laquelle vous faites l'expérience est malade, le pendule s'arrête totalement de bouger lorsqu'il se trouve sur la région affectée. Des mouvements « tirant » votre main en diagonale vers un point situé sur la droite et au-dessus d'un organe peuvent signifier que les tissus cellulaires du dit organe sont lésés.

L'expérience est identique avec le cœur. Tenu au-dessus d'un cœur en bonne santé, le pendule décrit des cercles réguliers, dans le sens des aiguilles d'une montre. Si son mouvement est agité ou tremblant et s'il « tire » votre main, il indique soit que la personne souffre de nervosité et de tension, soit que l'organe lui-même est malade. Le cœur se sert de votre pendule pour lancer un S.O.S. !

Voyons maintenant ce qui se passe avec l'estomac et le plexus solaire. Le nombre, la grandeur et la forme des mouvements du pendule observés sur cette région du corps constituent des indications très importantes car elles donnent une vue d'ensemble sur l'activité et la manière dont fonctionne le système nerveux.

Cerveau, visage	○ (Δ)	Intestins	⬭
Cervelet, mâchoire inférieure, cou	○	Organes abdominaux	↔
Haut du poumon droit	⤡	Cuisse droite	↕
Bronches	↕	Genou droit	○
Haut du poumon gauche	⤢	Jambe droite (inf.)	↓
Cœur	○ (Δ)	Cuisse gauche	↓
Poumons	○	Genou gauche	○
Estomac	○	Jambe gauche (inf.)	↓
Foie	⬭	Pieds	○
Plexus solaire	○	Force vitale	grand ou petit cercle

***Tableau 3*. Oscillations en présence du corps humain.**

Tenu à une distance suffisante pour pouvoir « survoler » l'ensemble du corps, le pendule a des oscillations elliptiques amples et horizontales.

Rapprochez-le un peu, en vous arrêtant au-dessus de l'abdomen. S'il décrit un mouvement de balancier transversal rectiligne, le système végétatif du sujet fonctionne correctement. L'absence de ce battement rectiligne quand le pendule est présenté au-dessus des organes génitaux dénote une déviation sexuelle.

En revanche, lorsque ce même mouvement transversal rectiligne se manifeste sur n'importe quelle autre région du corps, il constitue un avertissement et signifie que les organes vitaux sur lesquels le pendule « bat » sont atteints d'une affection.

À supposer que vous utilisiez votre pendule sur une photographie, un texte manuscrit ou même l'ombre de la personne « examinée », les résultats seront identiques à ceux que vous aurez obtenus en procédant comme décrit ci-dessus.

Pour varier, vous pouvez de temps à autre vous entraîner à percevoir la force d'irradiation sans effleurer de votre main ni approcher votre pendule de l'endroit qui vous intéresse. Il suffit de pointer les extrémités fermées des doigts de votre main gauche sur la partie du corps ou dans la direction des organes concernés. Votre disposition d'esprit est d'une importance primordiale dans ce genre d'expérience. Vous allez observer les mêmes résultats que précédemment et ce, même si vous ne faites que vous représenter les parties du corps ou les organes en question et tracez cette projection sur une feuille de papier blanc.

Le pendule offre aussi la possibilité d'« explorer » le caractère de quelqu'un. À cet égard, les avis diffèrent. Ce n'est d'ailleurs pas étonnant si l'on tient compte de la quantité de vibrations et des multiples degrés vibratoires qui constituent la personnalité d'un être humain.

Tenez votre pendule au-dessus de la poitrine de la personne et mettez-vous en état de capter ce qu'il vous dit sur son caractère. Les mouvements elliptiques ou circulaires habituels apparaissent ensuite. Petits et étroits, ils dénotent l'inhibition. Si l'oscillation se fait en ligne droite, c'est un signe d'égoïsme et d'entêtement. Un battement fort, en forme de ligne prolongée, indique que la personne est pleine d'énergie, qu'elle est entreprenante, mais qu'elle ne se préoccupe pas beaucoup des autres et peut même manquer totalement d'égards. En revanche, lorsque les cercles ou les ellipses sont souples, larges et harmonieux, vous êtes en présence de quelqu'un de fort et de positif.

Il se peut que les mouvements de votre pendule commencent par être étriqués, pour aller petit à petit en s'élargissant. Dans ce cas, la personne « examinée » a réussi à briser l'étroitesse de sa vie et elle s'est engagée dans une phase d'évolution spirituelle. À l'inverse, c'est-à-dire si de larges qu'ils étaient, au début, les cercles deviennent toujours plus petits et étroits, c'est un signe d'involution. Lorsque les oscillations se développent en forme d'éllipses amples et horizontales, elles indiquent que le sujet est empreint de tolérance, de compassion et qu'il a une profonde compréhension de la faiblesse humaine.

Une grosse attirance pour les biens de ce monde, pour ne pas dire une attitude franchement matérialiste, est signalée par des battements en ligne droite tirant dans la direction des pieds. Le manque d'intelligence et l'absence de tout intérêt spirituel sont révélés par un cercle au sommet quelque peu aplati, ne comprenant pas le cerveau. Dans ce cas, le pendule décrit une seule figure : cercles pour les hommes et éllipses pour les femmes, totalement neutres.

Il est une chose qu'il ne faut jamais perdre de vue : votre pendule est extrêmement sensible aux vibrations, particulièrement aux vibrations de la pensée. Il peut donc s'en trouver directement influencé. Voilà pourquoi vous devez vous mettre en état de réceptivité totalement neutre, autrement dit parvenir à « penser neutre » durant tout le temps que dure l'expérience.

À ce point de mon exposé, je souhaite encore attirer votre attention sur un facteur important. Il ne fait pas de doute que vous « recevez » l'état d'âme, les émotions et les vibrations de la personne auscultée. Le bras qui tient votre pendule fonctionne en effet comme un récepteur et vous êtes à même d'en éprouver distinctement la sensation physique. Les maladies aussi peuvent être transmises par l'intermédiaire du pendule. Il s'agit donc de vous soustraire à ces interférences de toutes sortes. Alors n'oubliez pas de respirer profondément et en rythme. C'est la meilleure manière de vous protéger.

Lorsqu'il est en présence d'une personne pleine d'harmonie, votre pendule décrit des cercles réguliers et tellement grands que le lien (chaîne, cordon, fil, etc.) auquel il est suspendu s'avère trop court pour en figurer toute l'ampleur (rayon). En cas de dissonance du sujet, vous sentez une forte répulsion qui « tire » dans votre bras, vous devenez fatigué, ou le pendule va même jusqu'à vous échapper de la main, si bien que vous n'êtes pas capable de poursuivre l'expérience. Dans un cas pareil, pratiquez tout de suite de profondes inspirations et expirations, bien rythmées, afin de vous débarrasser des vibrations négatives qui se sont accumulées en vous.

Si en cours d'expérience votre pendule tire votre main de manière significative vers le bas, considérez que ce n'est pas bon signe. Quand, de surcroît, son oscillation marque une ligne droite dans l'axe est-ouest, c'est encore pire. Un ou plusieurs changements de sens de rotation pendant l'étude du caractère mettent clairement en évidence des tendances défavorables.

Vous avez maintenant atteint un niveau de pratique suffisant pour être en mesure d'entreprendre, de vous-même, d'autres expériences avec votre pendule. Il s'agit avant tout de déterminer les clés qui sont valables pour vous et sur lesquelles vous pourrez vous baser à coup sûr.

Et pourquoi n'essayeriez-vous pas aussi d'analyser votre propre caractère ? Notez par écrit les traits de caractère trouvés et vérifiez par quelle figure le pendule les désigne. En étudiant de cette façon, il est possible d'obtenir des résultats remarquables dans le domaine de la connaissance de soi.

Après tout ce qui vient d'être exposé, vous ne serez pas étonné d'apprendre que le pendule est capable de détecter la sympathie ou l'antipathie – l'attraction ou la répulsion — existant entre les êtres humains, les animaux, les plantes et les minéraux. Si le mouvement du pendule est circulaire, tendant à inclure les divers éléments dans son cercle, cela montre que cette sympathie, cette cohésion, cette union existent, alors qu'un battement droit marquant une sorte de ligne de séparation est preuve d'antipathie et de rejet.

Lorsqu'on cherche à savoir si deux êtres humains sont faits pour s'entendre, il faut tenir le pendule entre leurs deux mains droites. Sa réponse ne se fait pas attendre et elle est significative.

Vous pouvez aussi demander à votre pendule quelles sont les matières qui vous sont bénéfiques et celles qui vous sont contraires. Ainsi, posez votre main gauche sur la table et mettez par exemple un peu de tabac à côté d'elle. Tenez votre pendule entre les deux en vous concentrant sur attraction et répulsion. Si la substance que vous examinez vous convient, votre pendule vous le fait savoir en décrivant de grands cercles, lesquels peuvent parfois aller jusqu'à englober votre main tout entière. Dans le cas contraire, l'oscillation est rectiligne et sépare nettement votre main de la substance concernée. Mieux vaut alors vous abstenir d'utiliser cette dernière. Vous pouvez aussi recourir à cette technique pour déterminer quels sont les médicaments qui vous conviennent ou non.

Lorsqu'il s'agit de diagnostiquer une maladie à l'aide du pendule, on entre dans un domaine très particulier. Celui qui souhaite pouvoir s'y retrouver quelque peu en la matière doit s'astreindre à un long entraînement et beaucoup travailler. Je ne puis donner ici que quelques exemples à titre indicatif.

Prenons l'hystérie : le pendule a des oscillations linéaires brusques et nerveuses. Nerfs fragiles : des mouvements rectilignes ont lieu dans un axe est-ouest et diminuent peu à peu d'intensité jusqu'à s'arrêter complètement.

Faiblesse d'esprit : le pendule trace des lignes nerveuses au-dessus du front et semble heurter un mur à l'extrémité de chacun des battements.

Nous allons maintenant nous tourner vers les pierres précieuses. Vous devez savoir qu'elles ont des propriétés magiques qui peuvent influencer l'être humain positivement ou négativement. Aussi est-il utile, cela va de soi, de savoir quelle est la pierre qui s'harmonise avec nos besoins.

À une époque où se fabrique une grande diversité de pierres synthétiques dont le poids, la dureté et d'autres caractéristiques peuvent induire en erreur même le plus expert des joailliers, le pendule s'avère d'un grand secours. En cas de doute, il permet de vérifier à coup sûr leur authenticité. En effet, à cause de la force vitale qui irradie d'elles, seules les pierres véritables entraînent un mouvement du pendule. Ce dernier reste en revanche immobile en présence de pierres fausses. En l'occurrence, il peut même vous donner des indications sur les substances chimiques qui ont servi à leur fabrication.

Pour pratiquer les expériences décrites jusqu'ici, il faut absolument vous en tenir à la méthode de base indiquée dans le premier exercice (p. 8). C'est à cette condition seulement que vous ferez des progrès. Ensuite, vous aurez tout loisir d'essayer un pendule de forme différente et de modifier par exemple la position de vos doigts jusqu'à ce que vous trouviez comment arriver à un plus grand degré de sensibilité et que vous soyez capable de ressentir les vibrations les plus subtiles.

La figure 3 montre différentes façons de tenir le pendule. Les positions A et B conviennent mieux lorsqu'il s'agit de vibrations ordinaires (« grossières » pourrait-on dire). Dans ces cas-là, ayez recours à un pendule de forme conique ou cylindrique.

A B C

Figure 3. **Quelques manières de tenir un pendule.**

Choisissez-le suffisamment gros et lourd pour que soient aisément captés les champs de force.

En revanche, le pendule doit être d'autant plus fin que les vibrations à détecter sont subtiles. Par ailleurs, la position des doigts demande à être affinée en fonction de la qualité des rayons cosmiques.

L'examen du corps astral (aura) de quelqu'un est une expérience que vous pouvez tenter. Demandez à la personne de s'étendre dans l'axe du méridien – tête au nord et pieds au sud – et prenez les dispositions nécessaires pour éliminer toutes les interférences étrangères. Quant à vous, tâchez d'être aussi « neutre » que possible avant de commencer le travail.

Il y a deux façons de procéder. Ou bien vous placez votre main gauche à 10-30 cm du corps et la laissez aller en vous concentrant sur « radiation », ou bien c'est votre pendule que vous tenez au-dessus du corps, toujours à la même hauteur. Soyez particulièrement attentif lorsque vous vous trouvez sur les centres de l'énergie vitale, c'est-à-dire le plexus solaire, la glande pinéale, le cœur, les organes génitaux.

Apprendre à connaître les rapports de tension qui existent entre l'aura et les autres forces est d'une importance capitale. En effet, chaque être humain possède son propre champ de forces, capable de discerner la nature des choses. Nous sommes en perpétuelle évolution et c'est ainsi que nous finissons par avoir conscience du cœur même de notre propre nature. Si vous suivez ce chemin, le pendule va vous être d'une aide inestimable. C'est en cela que réside sa valeur véritable.

CARTES
PENDULAIRES

Vertus des pierres précieuses et semi-précieuses

Lapis-lazuli	entretient l'amitié
Chrysoprase	soulage les maux de gorge
Olivine	protège des influences néfastes
Jaspe	fortifie l'estomac, le foie et les reins
Grenat	trempe la volonté
Onyx	renforce l'ouïe
Malachite	fortifie le cœur, les yeux et les nerfs
Rutile	soigne la bronchite et l'asthme
Cristal de roche	renforce le dos et le plexus solaire
Opale	porte malheur[1]
Œil de tigre	conjure la peur
Diamant	donne confiance en soi
Saphir	dispense simplicité, sérénité et loyauté
Béryl	fortifie la vue et le foie
Émeraude	renforce l'intelligence et la mémoire
Aigue-marine	maintient jeune, favorise le bonheur conjugal
Hyacinthe	stimule les rêves, combat les allergies
Rubis	lutte contre la faiblesse, la fièvre et la mélancolie
Corail	aide à combattre l'anémie
Turquoise	écarte les accidents, exauce les vœux
Topaze	éloigne l'animosité et les faux amis
Améthyste	s'oppose à l'alcoolisme, soigne l'insomnie et la migraine
Ambre	stimule la croissance des dents
Pierre de Lune	favorise la fécondité, incite le partenaire à la loyauté et procure de l'inspiration en amour

1. lorsque la personne qui la porte est négative (effet de boomerang)

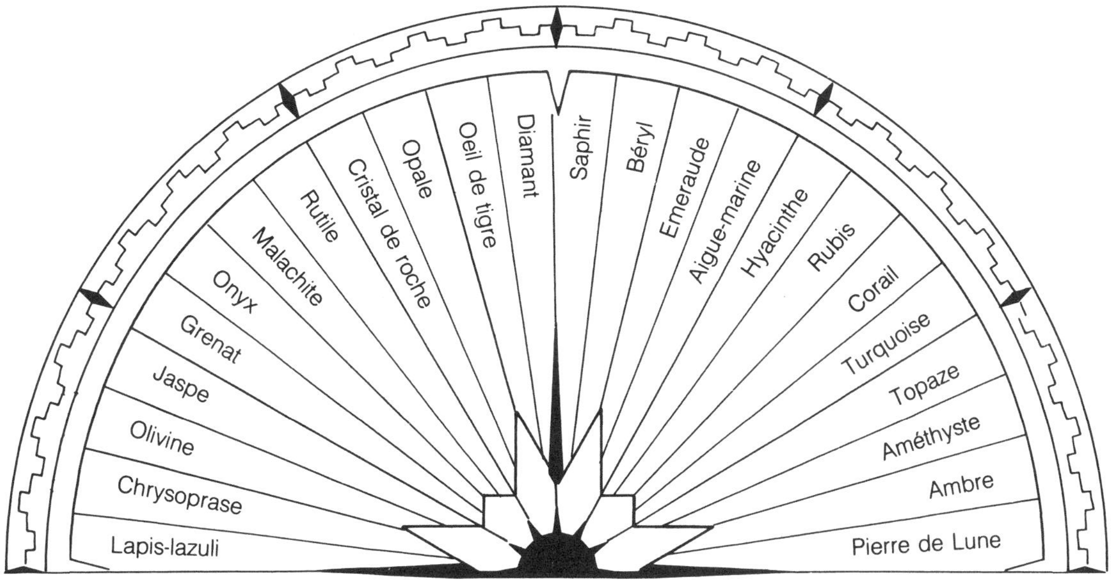

Carte 1.

Quelle est la pierre qui me convient le mieux ?

Signification des couleurs

Rouge foncé	vivacité, tempérament
Rouge feu	impulsivité, passion
Rouge écarlate	sensualité
Rose	gaieté
Orange	ambition
Saumon	immaturité
Jaune ocre	fausseté, rouerie, jalousie
Jaune clair	vivacité d'esprit
Jaune citron	spiritualité
Vert	amabilité
Vert pomme	musicalité
Vert olive	mélancolie
Bleu marine	décence, respectabilité
Bleu roi	loyauté
Bleu-vert	confiance en soi
Bleu ciel	superficialité
Gris-bleu	superstition
Violet	intuition
Lilas	force morale
Brun-rouge	désespoir
Brun foncé	avarice, cupidité
Noir	affliction, dépit
Gris	peur, crainte
Blanc	perfectionnisme

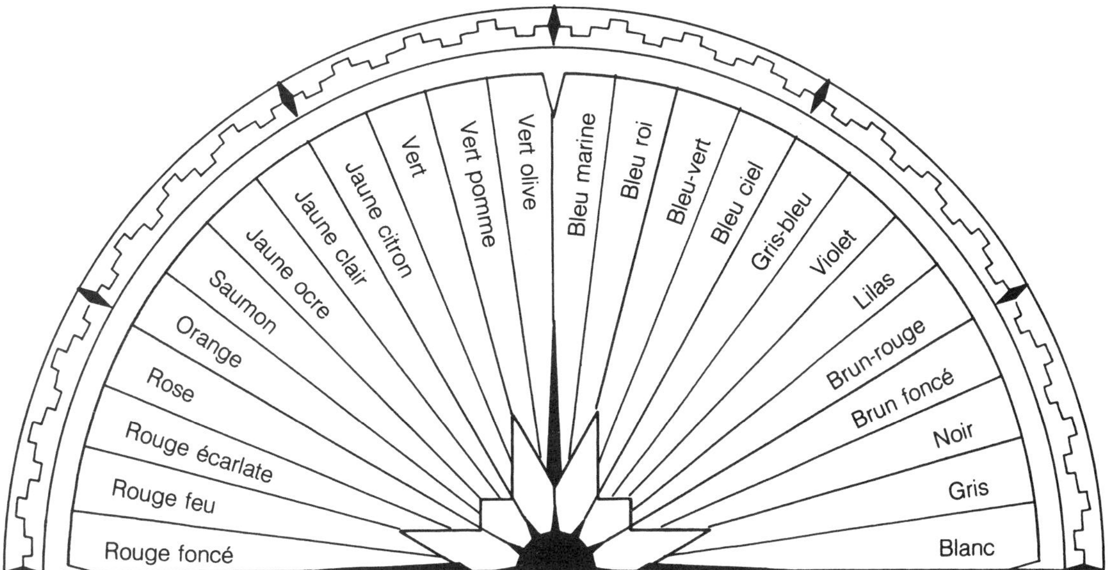

Carte 2.

Quelle est la couleur qui me convient le mieux ?
Quelle couleur dois-je porter de préférence ?
De quelle couleur dois-je m'entourer ?

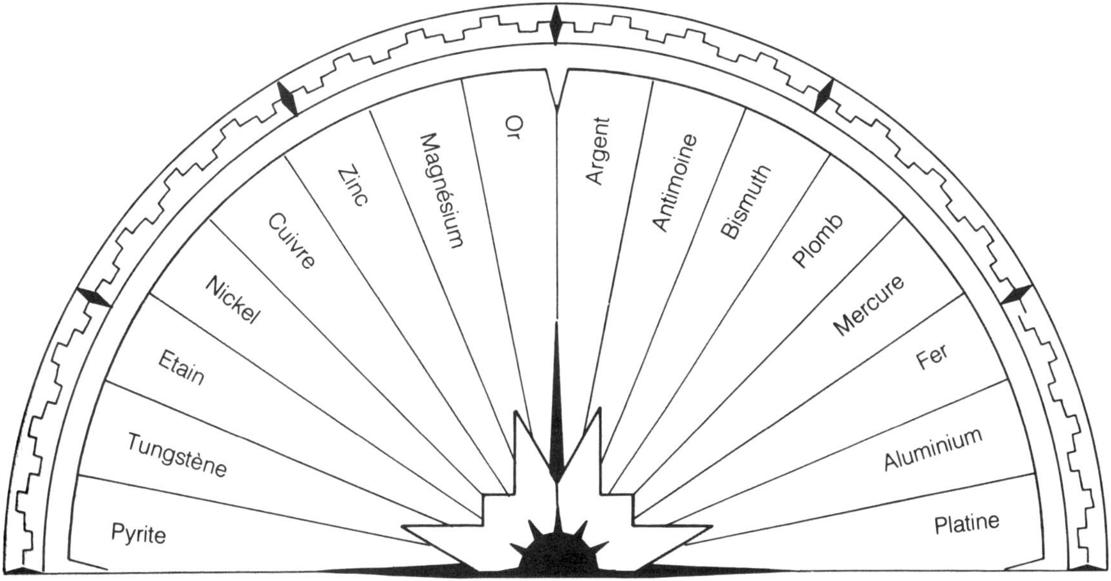

Carte 3.
Quel est le métal qui me convient le mieux ?

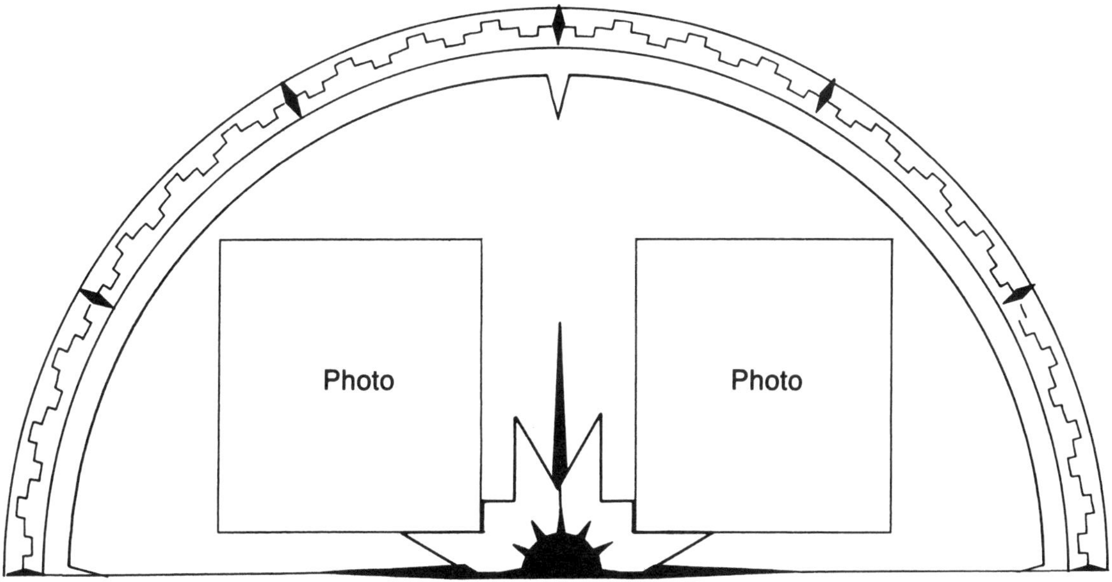

Carte 4.
Est-ce un(e) partenaire qui me convient ?
Est-ce un(e) ami(e) de confiance ?
Est-ce une relation d'affaires sérieuse ?

Table des valeurs dynamiques

Élements	*Degrés*	*Pierres précieuses et semi-précieuses*	*Degrés*
Hydrogène	0	Diamant	5
Or	0	Chrysolithe	247,5
Diamant	5	Opale	247,5
Argent	45	Cristal roche pur	267,5
Zinc	67,5	Quartz ordinaire	270
Palladium	90	Calcédoine	270
Uranium	100	Tourmaline grise	272,5
Cuivre	112,5	Tourmaline rouge	280
Iridium	120	Tourmaline véritable	290
Etain	125	Tourmaline noire	290
Aluminium	130	Lapis-lazuli	290
Platine	135	Béryl	290
Nickel	140	Grenat	292,5
Cobalt	145	Jaspe	295
Plomb	150	Émeraude	297,5
Fer	157,5	Topaze fumée	297,5
Sélénium	175	Aigue-marine	300
Phosphore	177,5	Émeraude vert clair	302,5
Soufre	180	Chrysobéryl	305
Mercure	270	Hyacinthe rouge clair	305
Azote	270	Hyacinthe rouge foncé	315
Chlore	355	Rubis	312-315
Ogygène	360	Saphir	322,5

Couleurs		*Divers*			
Rouge clair	215	Argent-cuivre, (alliage 50/50)	77,5	Tanin	267,5
Bleu clair	217,5	Laiton	105	Urine	270
Orange clair	222,5	Fonte	150	Morphine	292,5
Violet clair	230	Acier	152,5	Humus	292,5
Brun clair	240	Eau de pluie, eau distillée	180	Excrément humain	315
Bleu indigo	255	Glace, neige	202,5		
Bleu cobalt	315	Caféine	265	Aimant	330

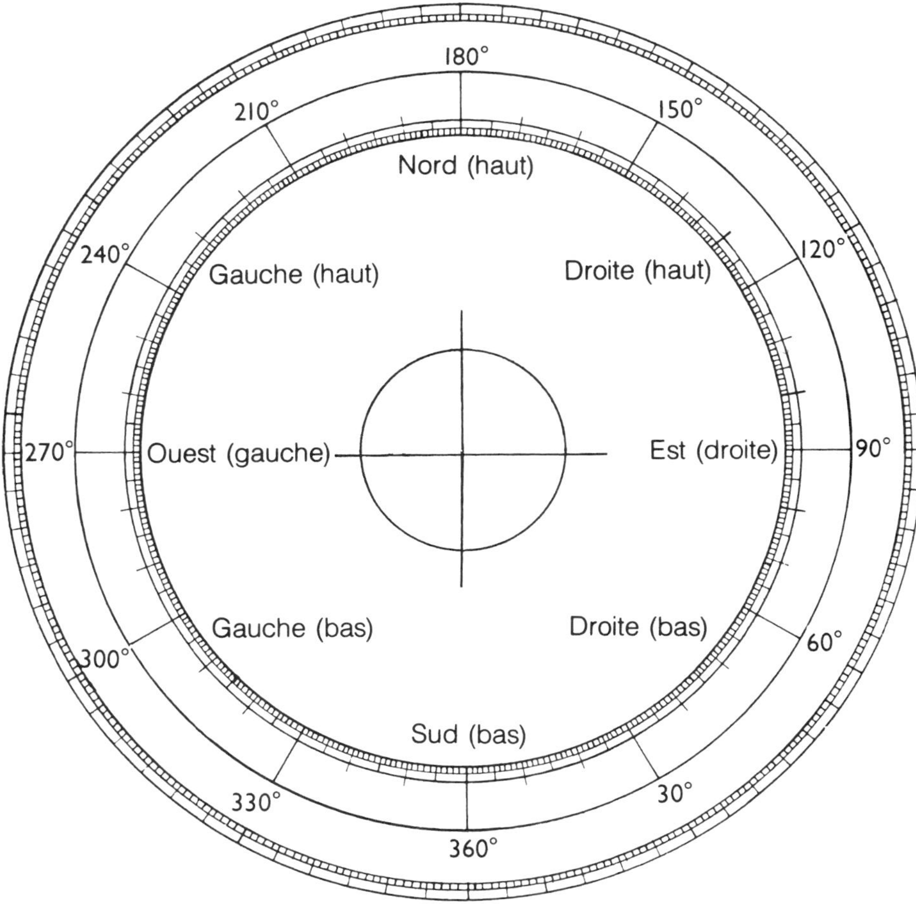

Carte 5.
Valeurs dynamiques

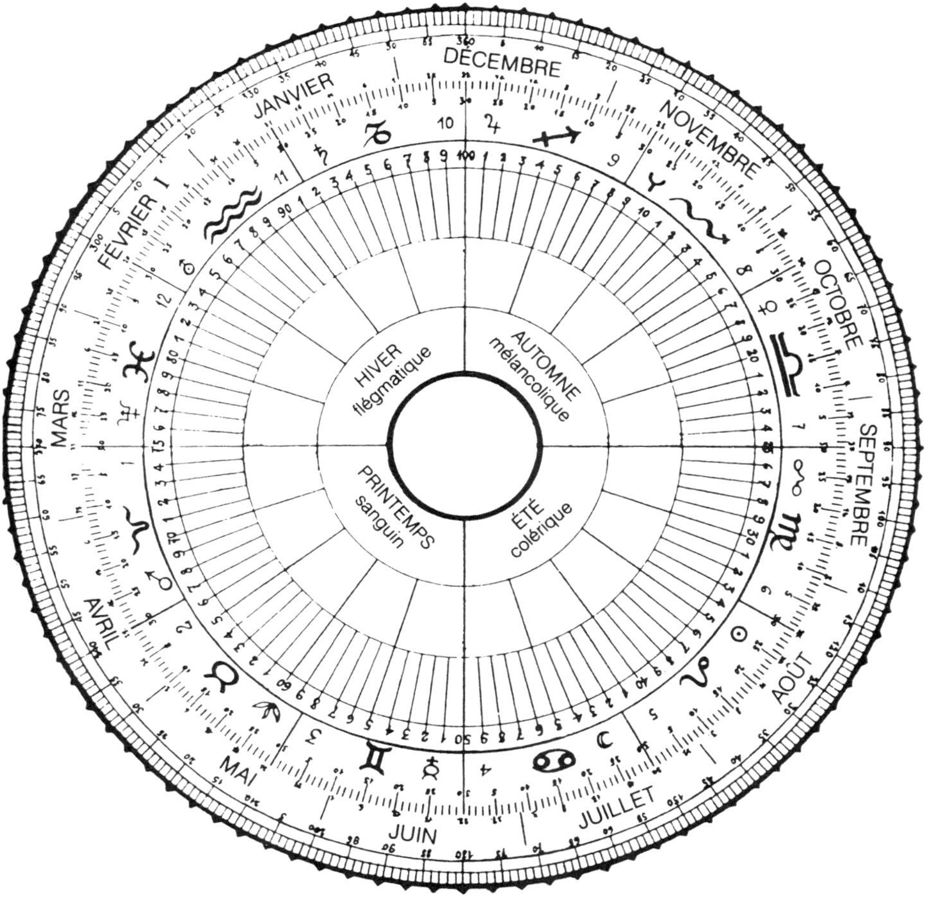

Carte 6.
Carte à divers usages

Diagramme des mois (avec les jours)
Diagramme des saisons
Diagramme de vivacité (tempérament)
Diagramme astrologique
Cadran gradué pour 100 et 360 degrés
(dans le sens des aiguilles d'une montre)

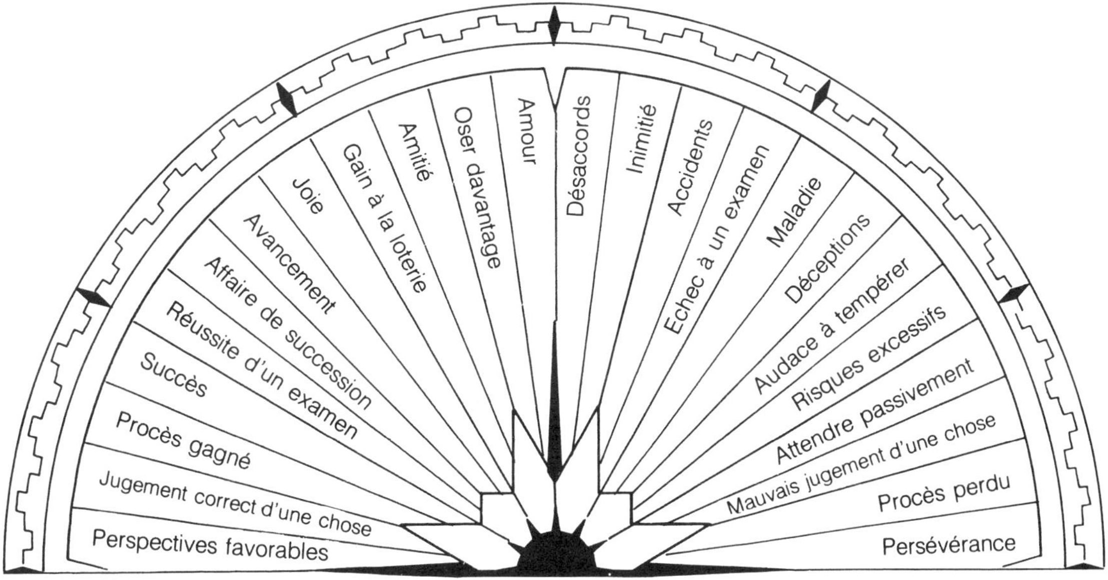

Carte 7.
Que me réserve l'avenir ?

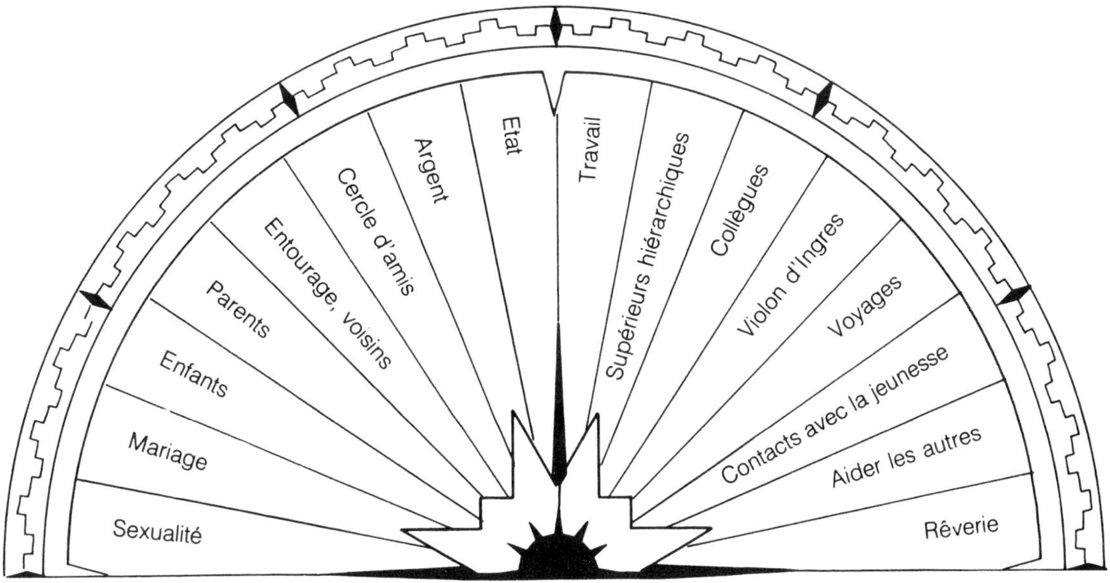

Carte 8.
Quel facteur joue un rôle important dans ma vie ?

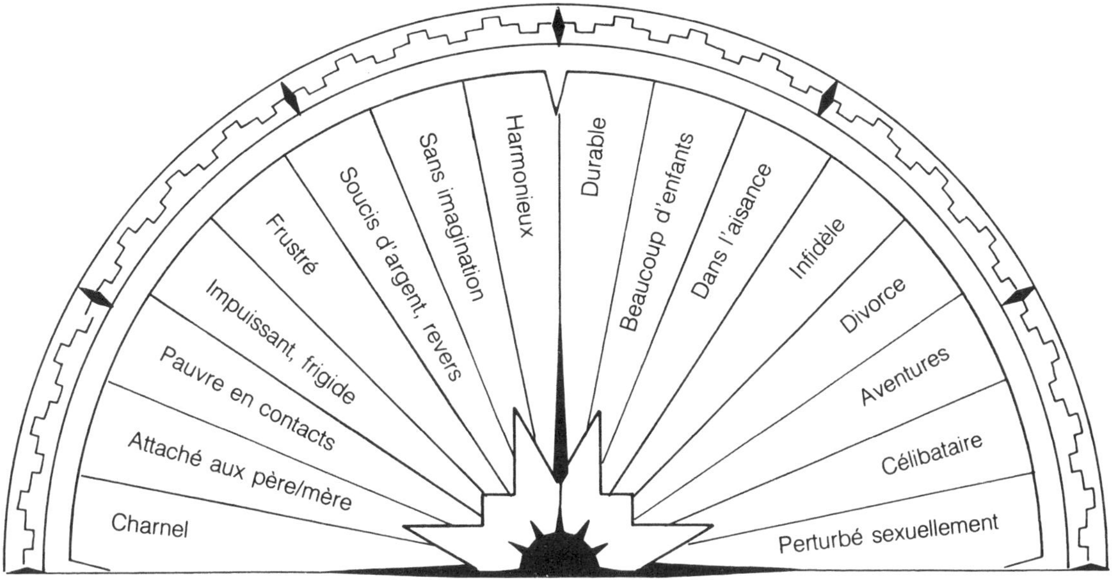

Carte 9.
Mariage (partenaire)

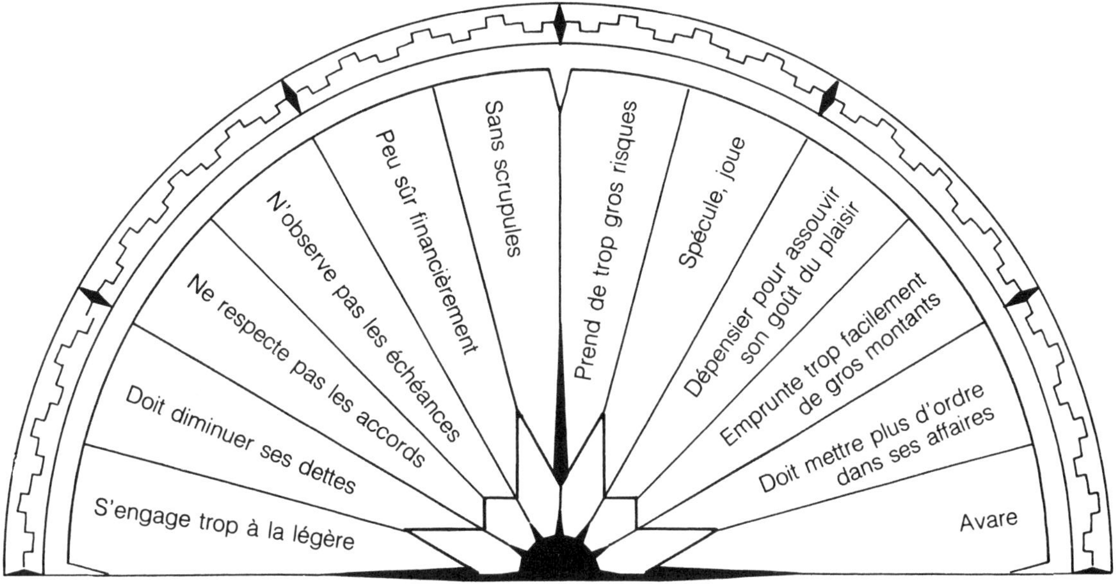

Carte 10.
Affaires financières

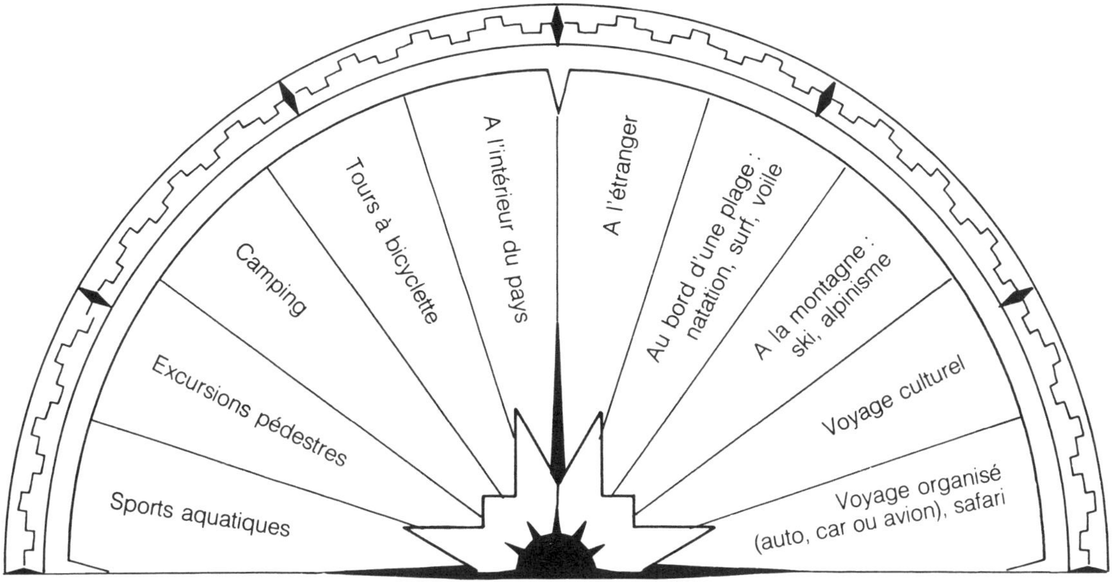

Carte 11.
Buts de vacances

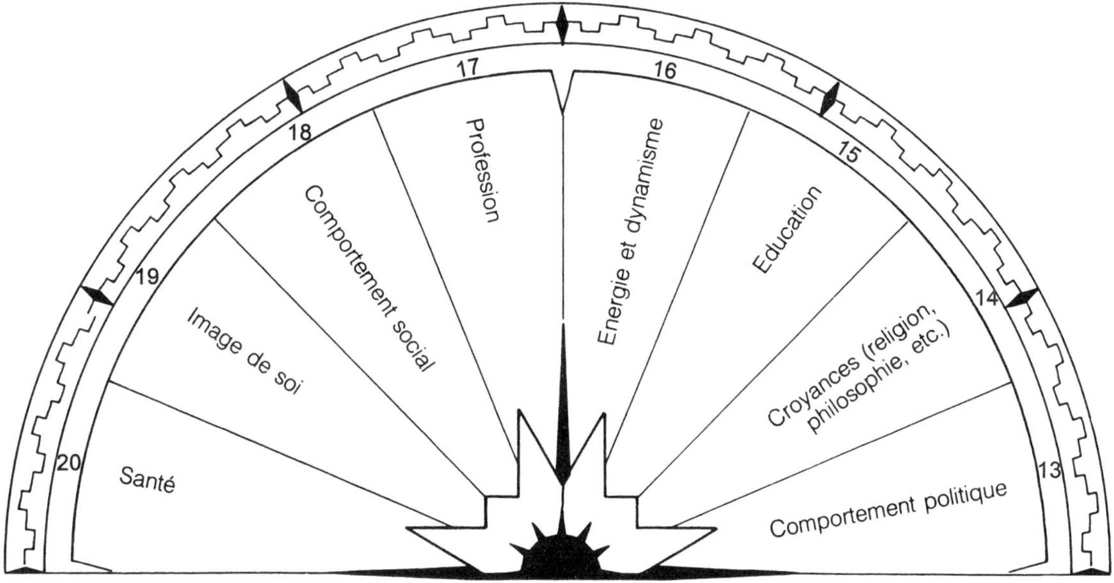

Carte 12.

Qu'est-ce qui m'empêche d'être heureux dans la vie ?
(pour des réponses plus détaillées,
consulter les cartes 13 à 20)

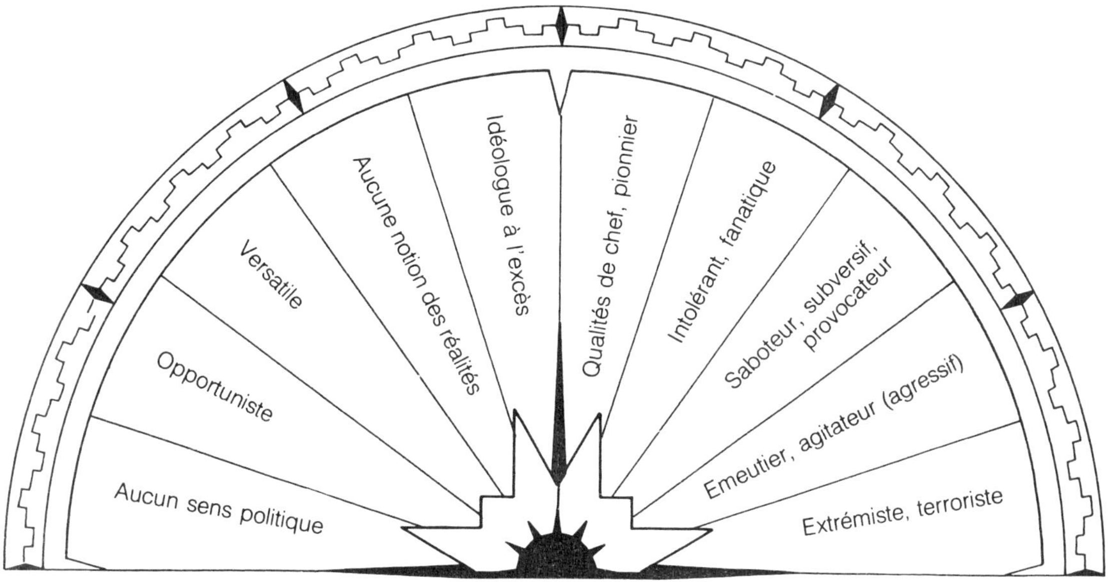

Carte 13.
Comportement politique

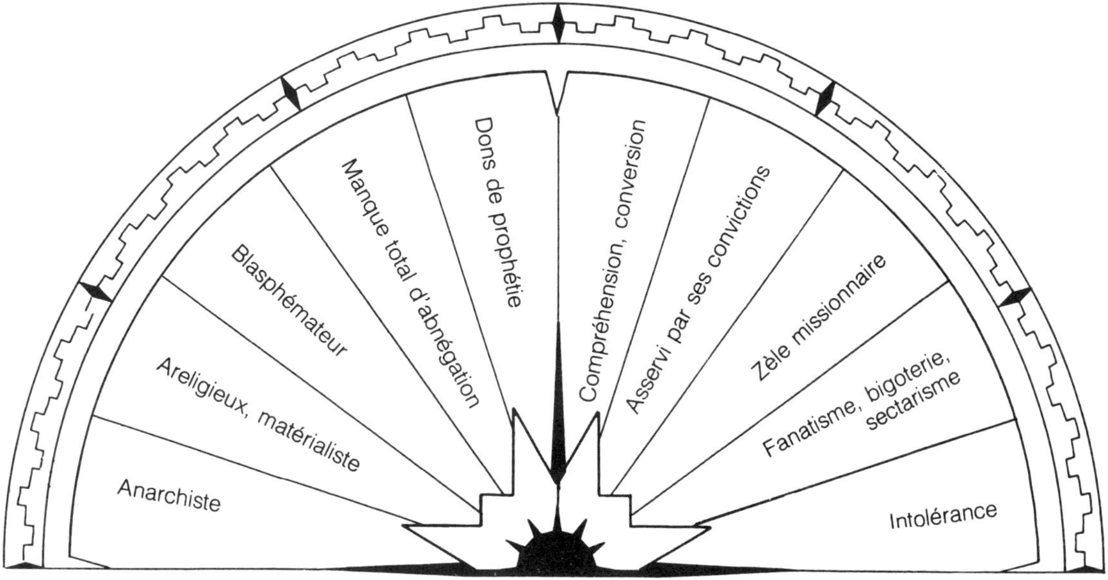

Carte 14.
Croyances (religion, philosophie, etc.)

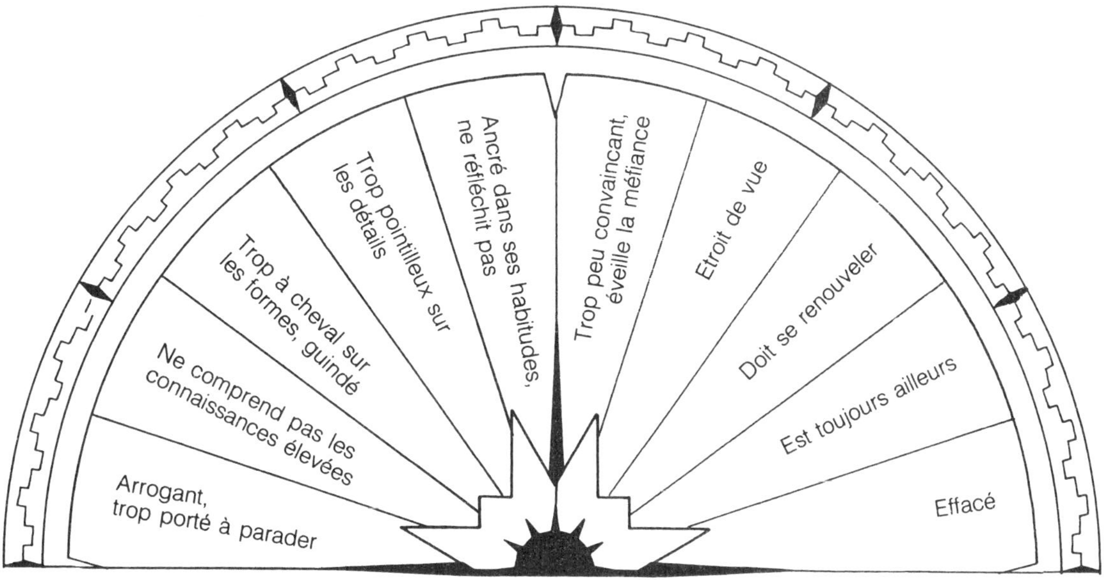

Carte 15.
Education

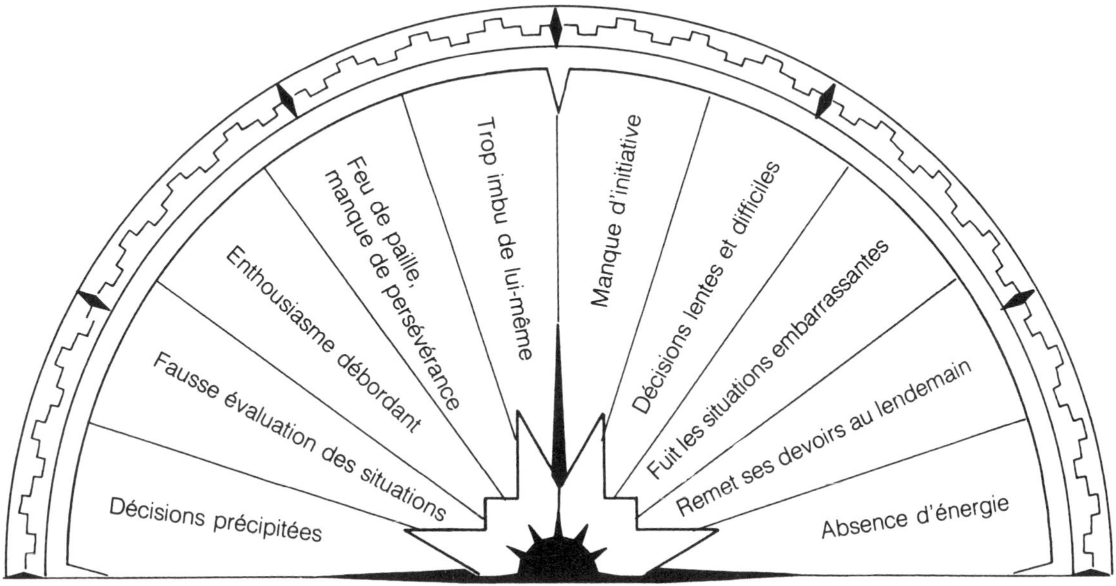

Carte 16.
Energie et dynamisme

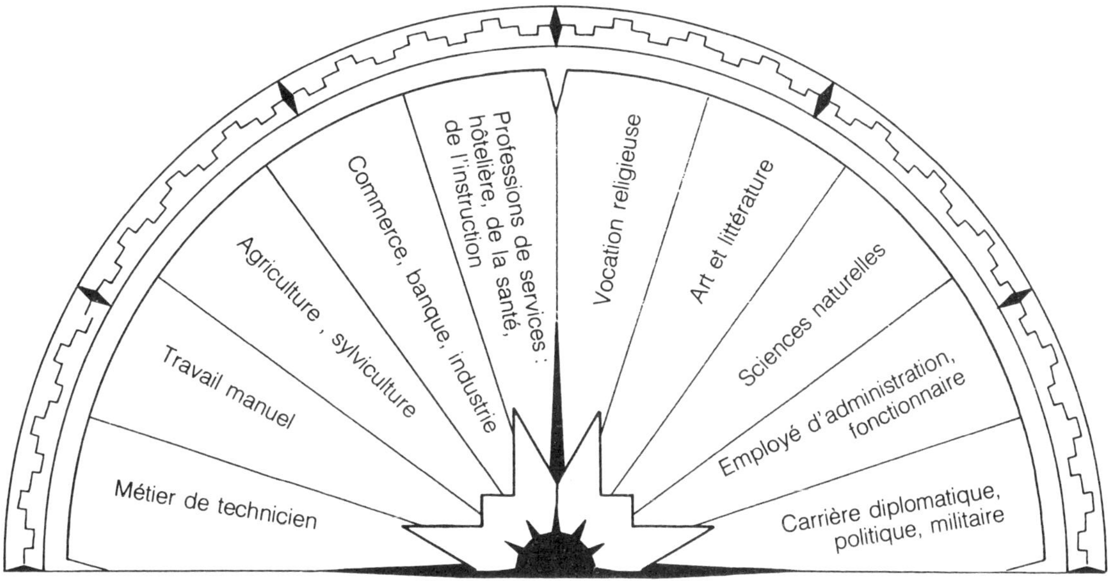

Carte 17.
Profession

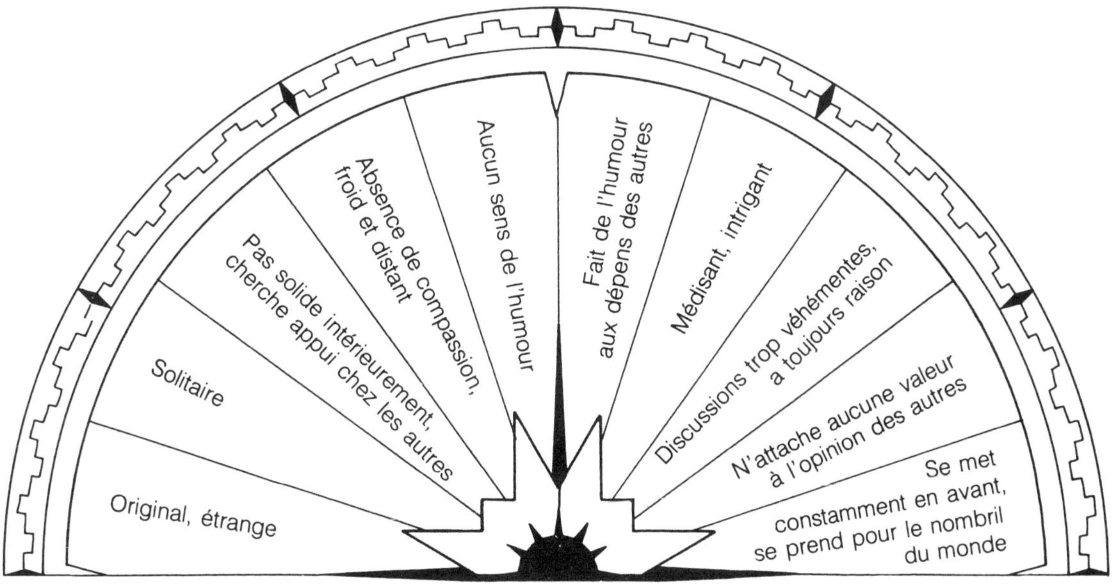

Carte 18.
Comportement social

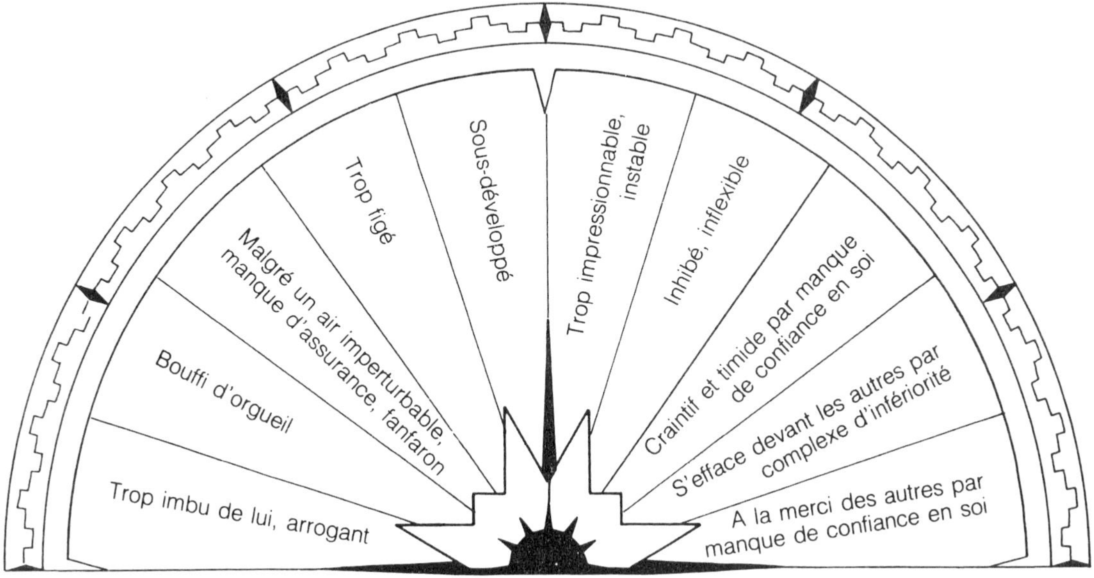

Carte 19.
Image de soi

CARTES PENDULAIRES CONCERNANT LA SANTÉ

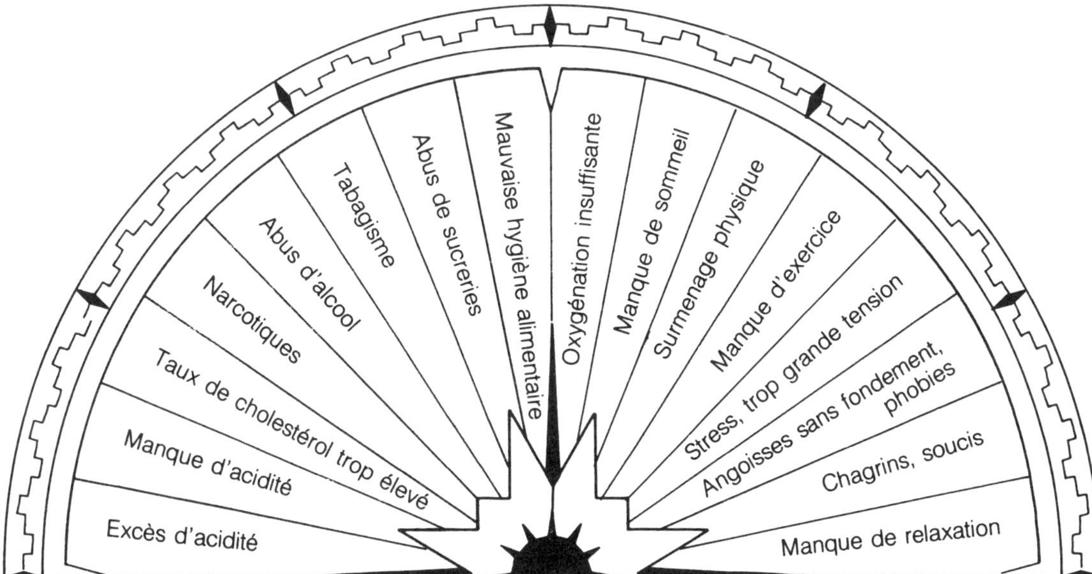

Carte 20.
Qu'est-ce qui détériore ma santé ?

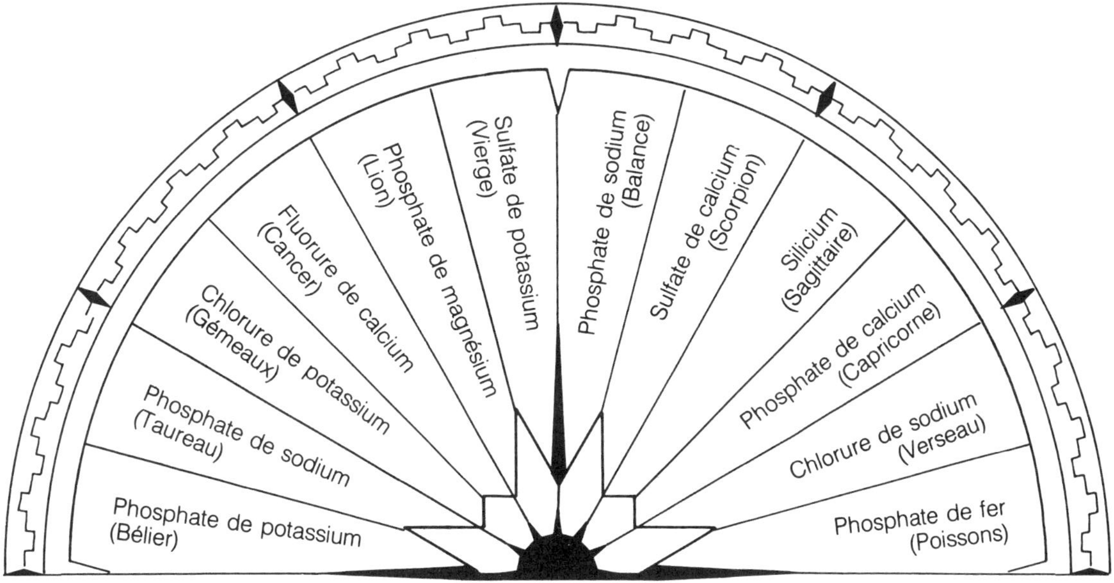

Carte 21.
Sels minéraux pour soulager des troubles légers

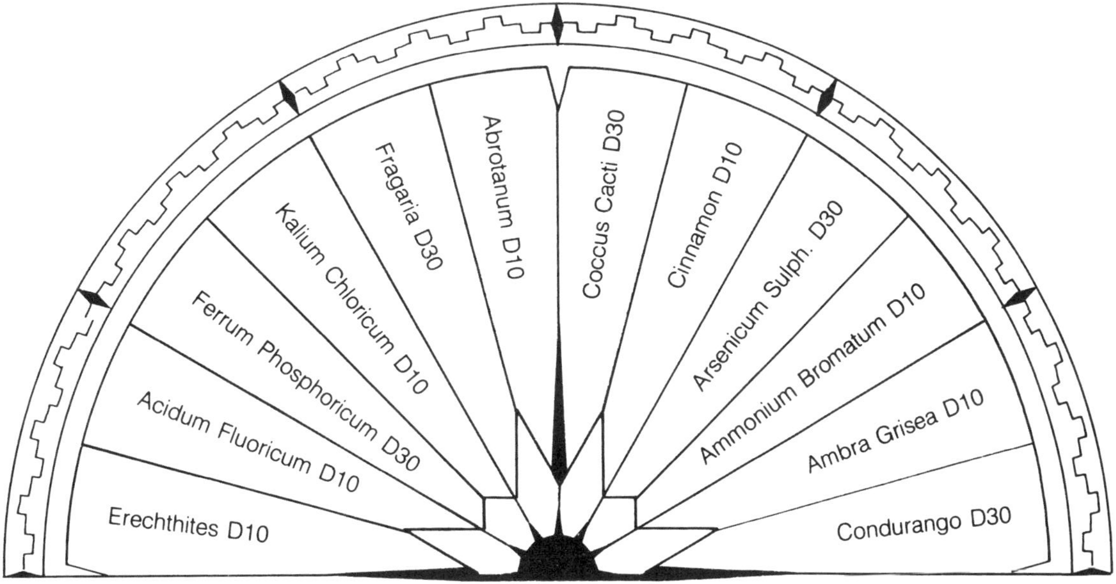

Carte 22.
Produits homéopathiques pour combattre l'excès d'acidité.
Quel est le plus efficace pour moi ?

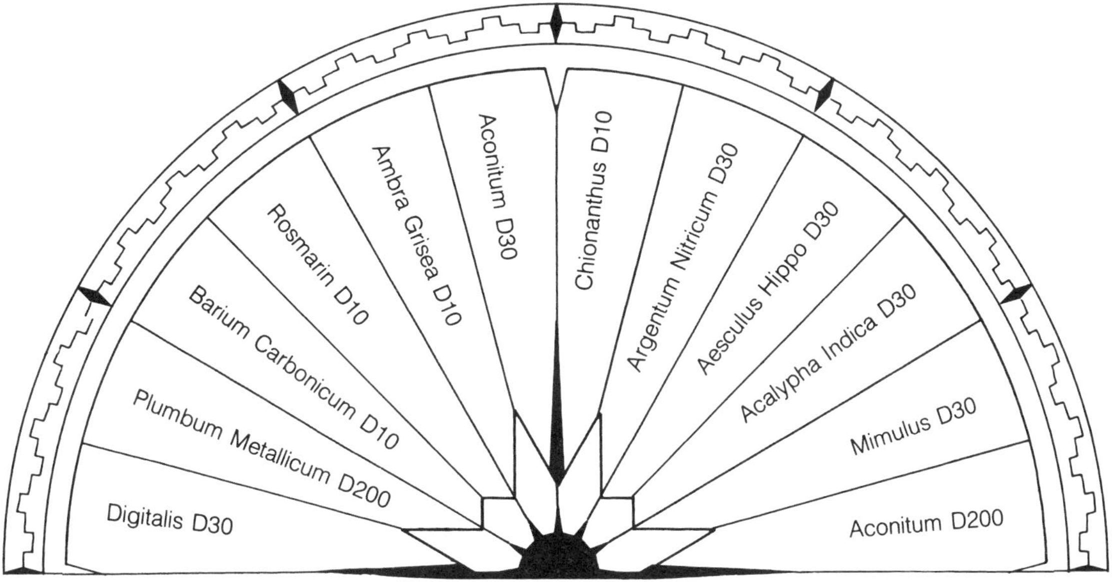

Carte 23.
**Produits homéopathiques pour combattre le manque d'acidité.
Quel est le plus efficace pour moi ?**

1. Cerveau. Centre nerveux d'où « partent » les perturbations qui affectent les fonctions de l'organisme ; c'est là aussi que sont perçus les « événements » intérieurs et extérieurs.
2. Méninge.
3. Yeux.
4. Oreilles.
5. Os du nez.
6. Articulation de la mâchoire.
7. Amygdales.
8. Larynx.
9. Glande thyroïde.
10. Trachée-artère.
11. Articulation de l'épaule.
12. Bronches.
13. Poumon droit.
14. Foie (devant, du côté droit).
15. Vésicule biliaire (derrière le foie).
16. Pancréas.
17. Côlon transverse (gros intestin, partie horizontale).
18. Aorte abdominale.
19. Veine cave inférieure.
20. Côlon ascendant.
21. Côlon descendant.
22. Intestin grêle.
23. Caecum (1re partie du gros intestin ; devant, du côté droit).
24. Appendice.
25. Glandes.
26. Ongles des mains.
27. Circulation du sang (par les artères : du cœur au reste du corps ; par les veines : de toutes les parties du corps au cœur).
28. Veines.
29. Ongles des pieds.
30. Cheveux.
31. Épiphyse (glande pinéale, au centre du cerveau).
32. Cervelet.
33. Moelle épinière (système nerveux central).
34. Aorte.
35. Sommet du poumon.
36. Thymus.
37. Poumon gauche.
38. Tube digestif (œsophage).
39. Cœur (entre les deux poumons).
40. Estomac (derrière le foie).
41. Articulation du coude.
42. Rate.
43. Reins.
44. Bassin (pelvis).
45. Uretères (voies urinaires).
46. Articulation de la hanche.
47. Vessie.
48. Articulation du poignet.
49. Organes génitaux.
50. Articulation du genou.
51. Articulation de la cheville.

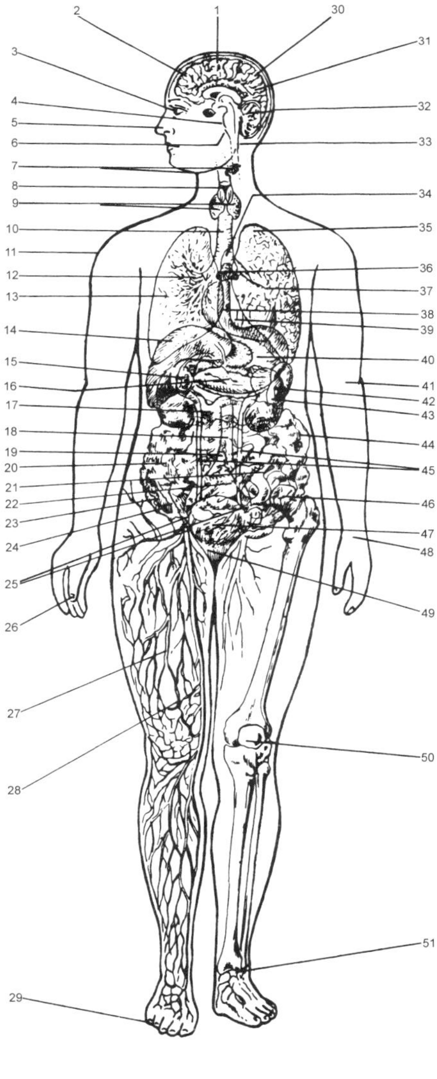

Carte 24.

Qu'est-ce que je dois surveiller ?

Qu'est-ce qui est à l'origine du mal ?

1. Cerveau : c'est le centre nerveux où sont perçues toutes les perturbations.
2. Insomnie : menthe poivrée, millepertuis, valériane, sauge, houblon, primevère, tilleul, lin (graines), herbe aux chantres, grande camomille, millefeuille, absinthe, thé de pommes.
3. Maux de tête : menthe poivrée, mélisse, gui, primevère, romarin, valériane, sauge, cassis, angélique, origan, alchémille, bétoine.
4. Bains oculaires : châtaigner (feuilles), mélilot, frêne, galanga, sureau (baies), marrube, fenouil, aloès, plantain, écorce de vigne, valériane, euphraise (casse-lunettes), camomille, sauge, acore, arnica, lin, muflier, souci.
5. Amygdales, larynx, glande thyroïde, voies respiratoires, bronches : sauge, anis, fenouil, thym, réglisse, lin (graines), lichen d'Islande, guimauve, tussilage (fleurs et feuilles), noisetier des sorcières, petit boucage, pissenlit.
6. Poumons : ortie royale (galéopsis), prêle des champs, lichen carragaheen, tussilage (fleurs et feuilles), lin (graines), capucine, bugle rampante, alchémille, renouée des oiseaux, tréfle d'eau, pissenlit, molène.
7. Foie et vésicule biliaire : roseau aromatique (acore), gui, gentiane, millefeuille, ortie, menthe poivrée, fumeterre, anémone hépatique, aigremoine, grande chélidoine, saponaire, petite centaurée, pissenlit, saule (écorce), bardane, molène, origan, plantes dépuratives en général.
8. Intestins (constipation) : anis, fenouil (graines), sureau (fleurs), bouleau (feuilles), réglisse, séné (fruits et feuilles), lin (graines), millefeuille, acore, rhubarbe, petite centaurée, genièvre (baies), thym, sauge, thé d'Alexandrie, camomille, menthe poivrée, bourdaine (écorce).
9. Glandes (hormones) : lichen d'Islande, pissenlit, lichen carragaheen, gui, thé d'Alexandrie, millefeuille, prêle des champs, tussilage, ginseng, trêfle d'eau, genêt, sassafras.
10. Circulation du sang (artériosclérose) : ail, aubépine, gui, rossolis (droséra), mille-feuille, sauge, plantes dépuratives, genêt, bouleau (feuilles), prêle des champs, sapin (bourgeons), oseille.
11. Varices : voir sous 18, Cures de nettoyage du sang.
12. Troubles d'origine nerveuse : angélique, livêche, sauge, millepertuis, camomille, houblon, mélisse, menthe poivrée, valériane, primevère, romarin, lavande, armoise, argile, giroflée, sureau, gaillet gratteron, genièvre (baies), moutarde (graines), bugle rampante, sainfoin, tilleul, aspérule, gentiane (racines).
13. Chute des cheveux : (frictions) feuilles d'ortie, camomille, fleurs d'arnica, racines de bardane, airelle, noyer.
14. Cœur : giroflée, genêt, aspérule, mûres (feuilles), primevère, véronique, mélisse, lavande, sauge, menthe poivrée, romarin, valériane, adonis du printemps, trèfle d'eau, tilleul, clou de girofle, buglosse, agripaume cardiaque, origan, chou, verveine odorante, muguet, sainfoin.
15. Estomac : menthe poivrée, menthe à feuilles rondes, valériane, petite centaurée, millefeuille, mélisse, anis, lin (graines), fenouil, gentiane, cumin, absinthe, chardon béni, prêle des champs, renouée des oiseaux, romarin, persil, lierre grimpant, lierre terrestre, véronique, angélique, bois de santal, verveine odorante, herbe aux chats.
16. Rate : fumeterre, aigremoine, asperge, persil, cresson de fontaine, saule, épine-vinette, et voir sous 18, Cure de nettoyage du sang.
17. Voies urinaires et vessie : raisin d'ours (feuilles), églantier (gratte-cul), prêle des champs, genièvre (baies), livèche, bouleau (feuilles), raifort, bugrane épineuse, camomille, lin (graines), verge d'or, artichaut, petite prêle, pissenlit, millefeuille, herbe à cochons, rue, arnica, potentille des oies, bourse-à-pasteur, impatiente, reine des prés, petit boucage, bugle rampante, bugrane épineuse, fève (gousses), thé aux gousses de fève de cacao.
18. Plantes dépuratives du sang : bugrane épineuse, prunellier (fleurs), bouleau (feuilles), séné (fruits et feuilles), lin (graines), bourdaine (écorce), lichen d'Islande, gui, millefeuille, noyer (feuilles), genièvre (baies), pensée, chiendent, sauge, églantier (gratte-cul), fumeterre, alchémille, pissenlit, véronique, plantain, potentille, absinthe, petite pervenche, fraisier (rhizomes), fève (gousses), thé d'Alexandrie, thé du Paraguay.
19. Rhumatismes : bouleau (feuilles), séné (fruits), genièvre (baies), petit boucage, bugrane épineuse, fraisier (feuilles), lierre grimpant, bugrane (racine), petite reine des prés, pensée, douce-amère (morelle), ortie, gui, millefeuille, églantier, populage, fraisier, saule (écorce), pissenlit (racine).

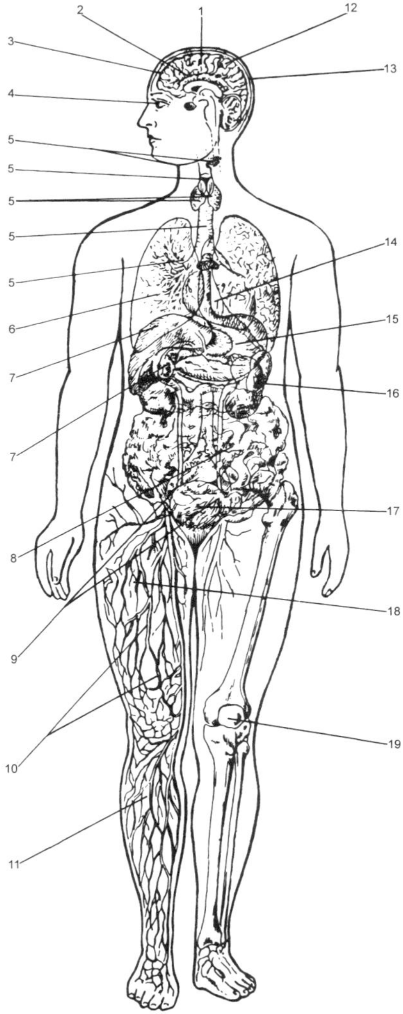

Carte 25.
Quelle est la tisane dont j'ai besoin ?

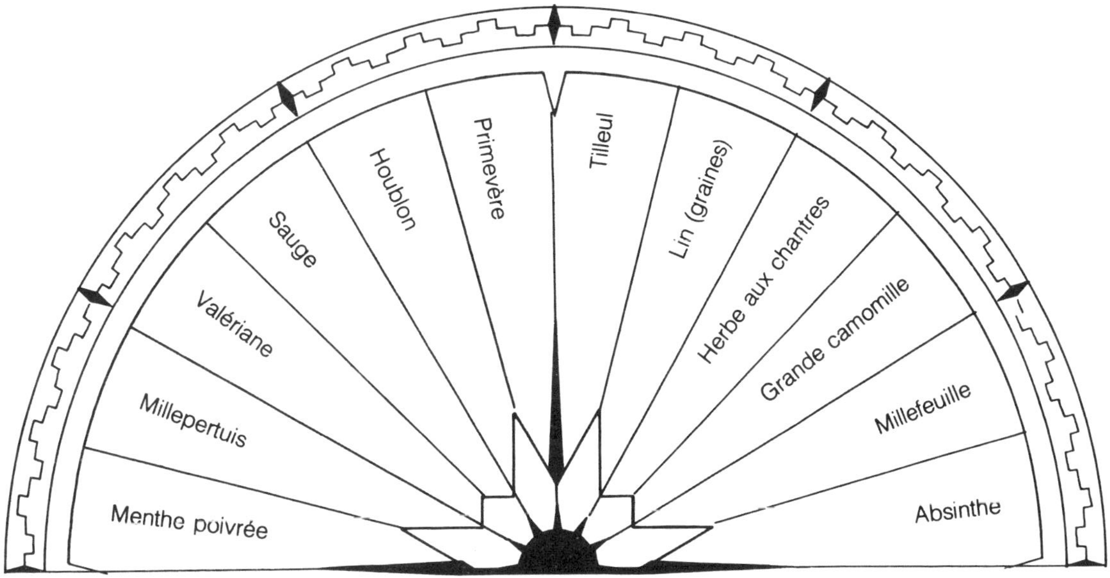

Carte 26.
Insomnie.
Quelle est la plante la plus efficace pour moi ?

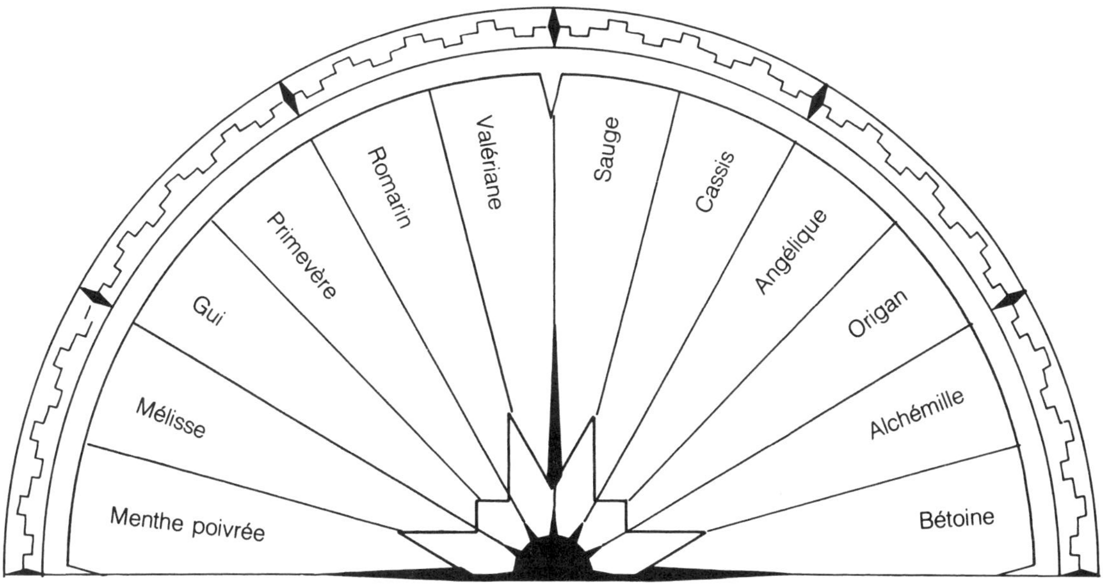

Carte 27.

Maux de tête.

Quelle est la plante la plus efficace pour moi ?

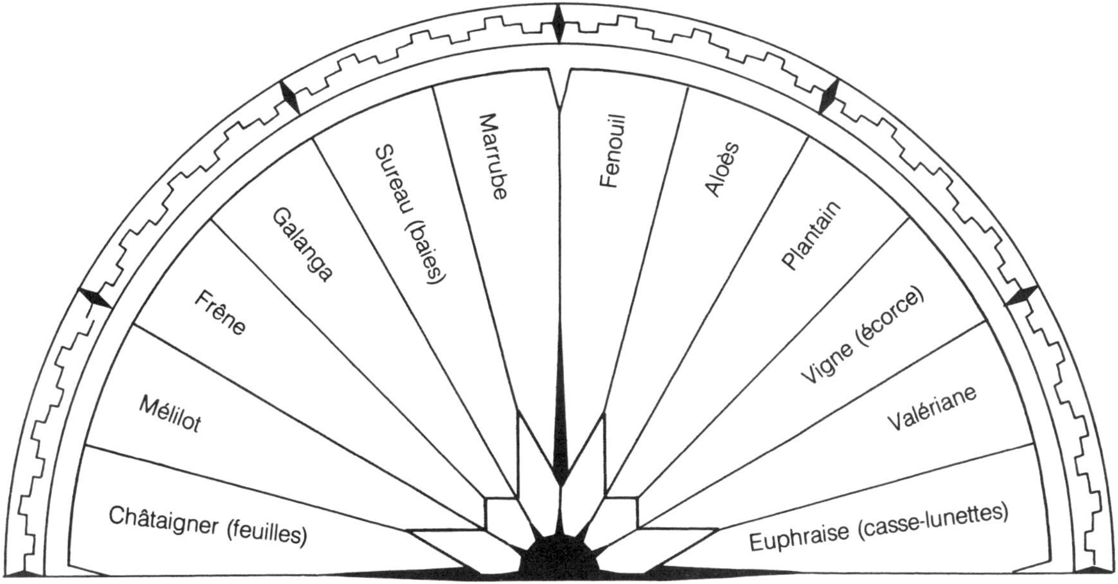

Carte 28.
Bains oculaires.
Quelle est la plante la plus efficace pour moi ?

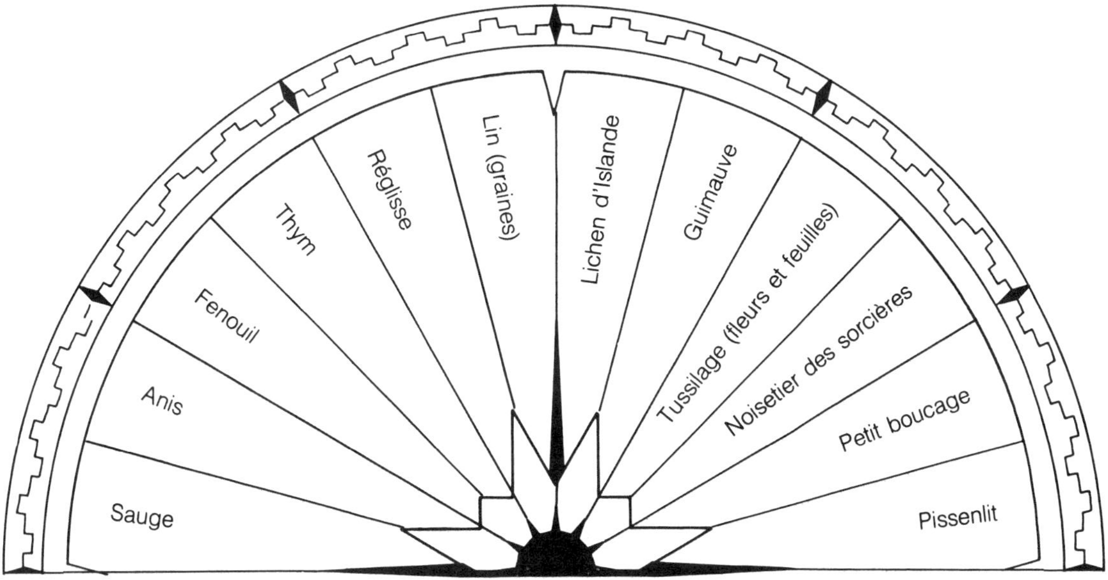

Carte 29.
Maux de gorge et refroidissements.
Quelle est la plante la plus efficace pour moi ?

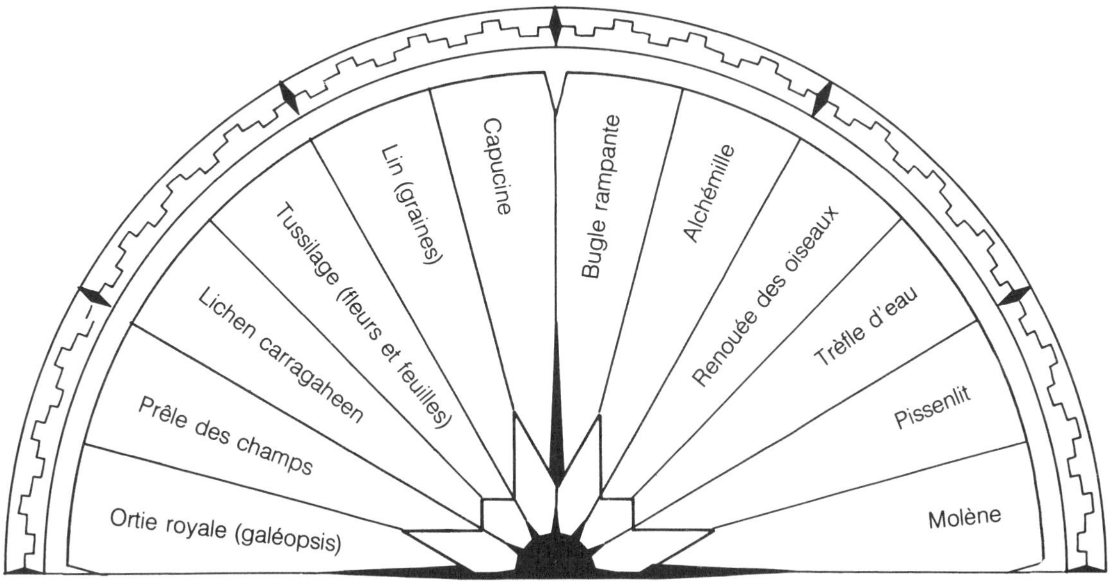

Carte 30.
Affections pulmonaires.
Quelle est la plante la plus efficace pour moi ?

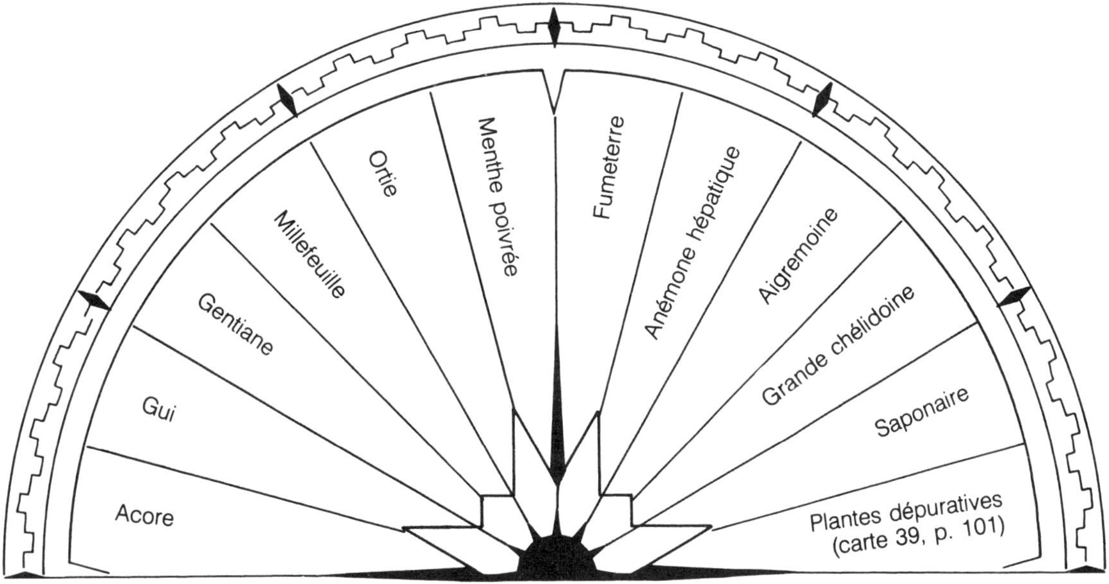

Carte 31.

Affections du foie et de la vésicule biliaire.
Quelle est la plante la plus efficace pour moi ?

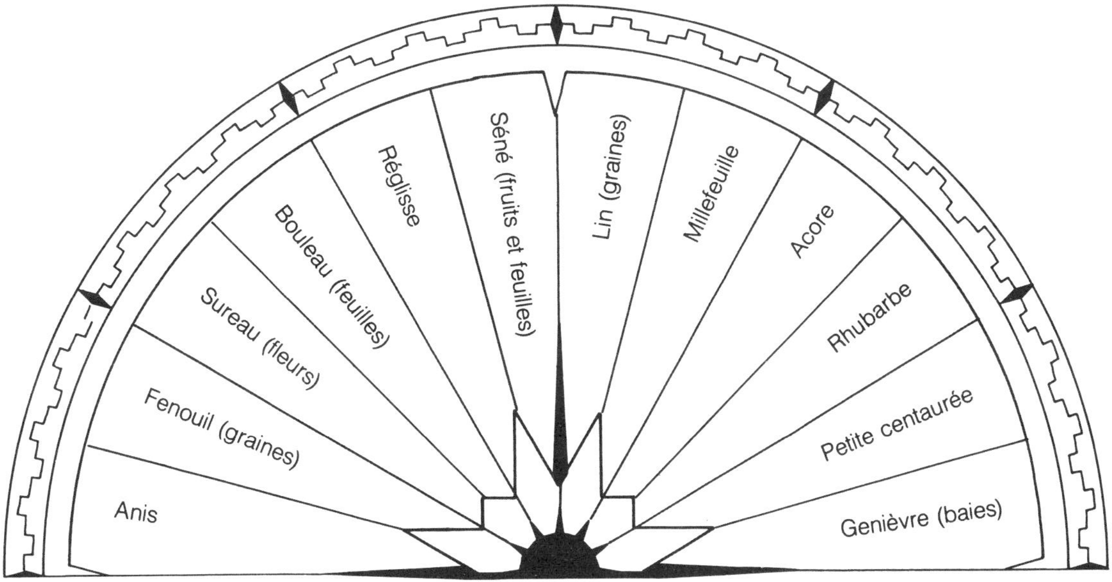

Carte 32.
Troubles intestinaux (constipation).
Quelle est la plante la plus efficace pour moi ?

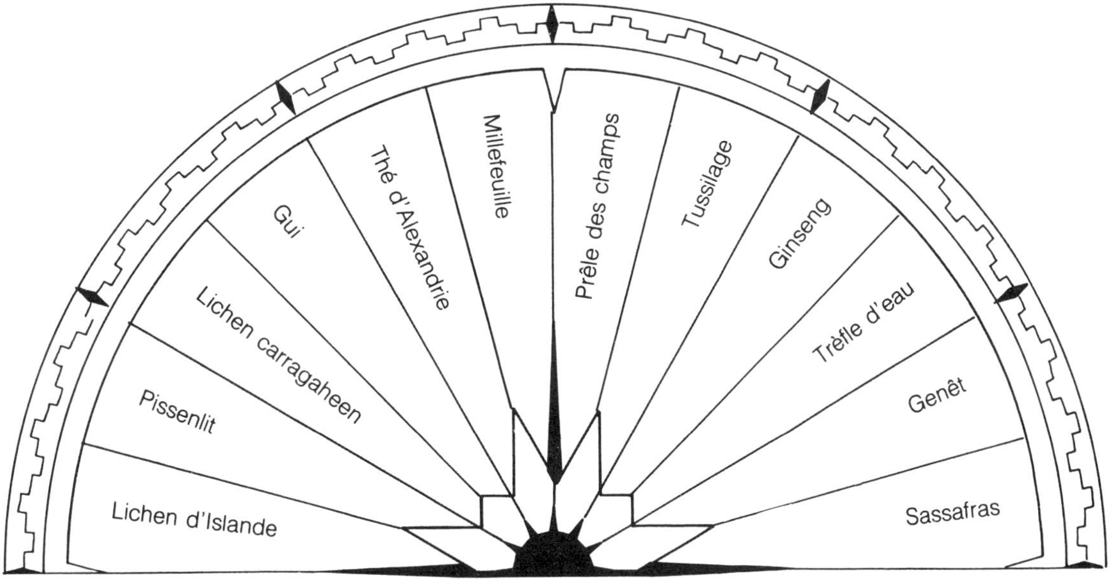

Carte 33.
Dérèglements glandulaires.
Quelle est la plante la plus efficace pour moi ?

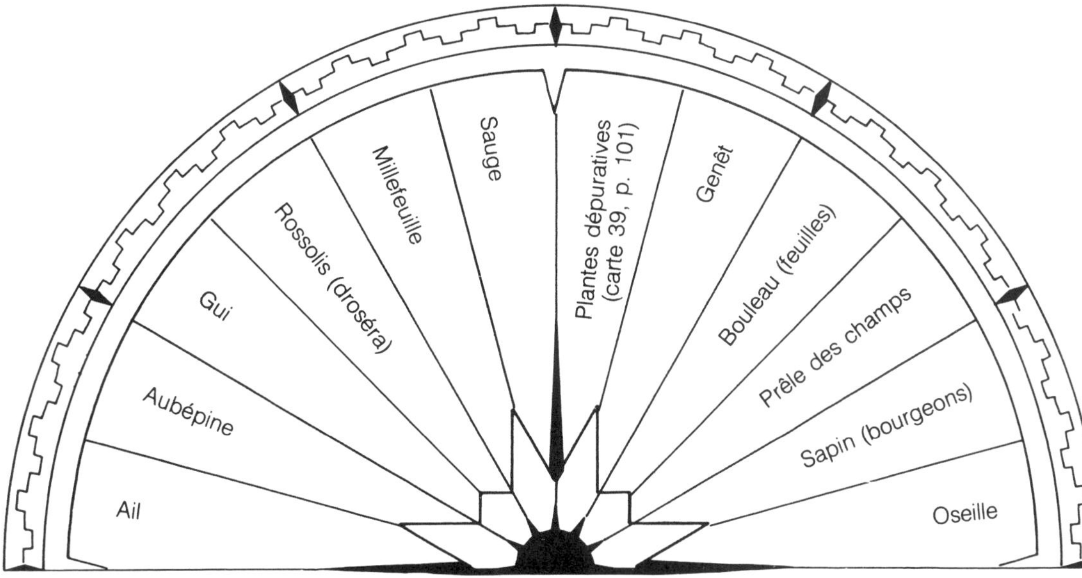

Carte 34.
Circulation du sang (artériosclérose).
Quelle est la plante la plus efficace pour moi ?

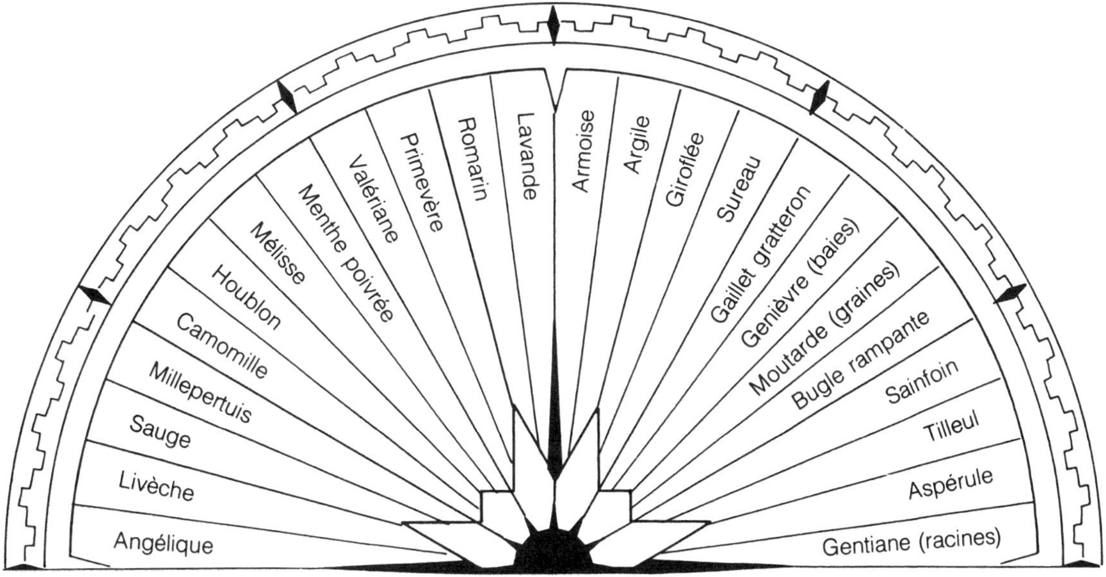

Carte 35.

Troubles d'origine nerveuse.

Quelle est la plante la plus efficace pour moi ?

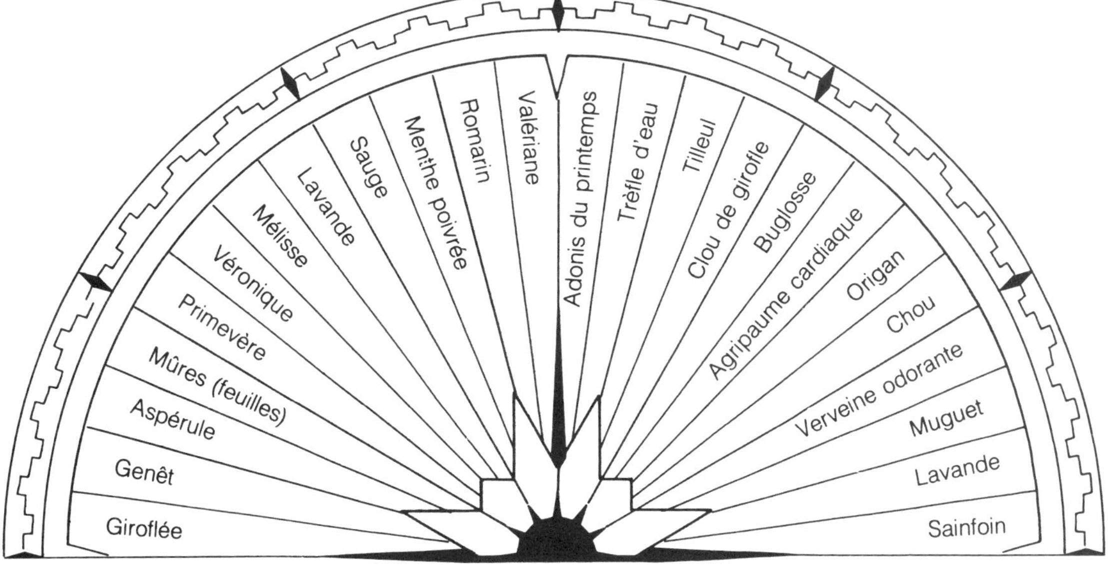

Carte 36.
Troubles cardiaques.
Quelle est la plante la plus efficace pour moi ?

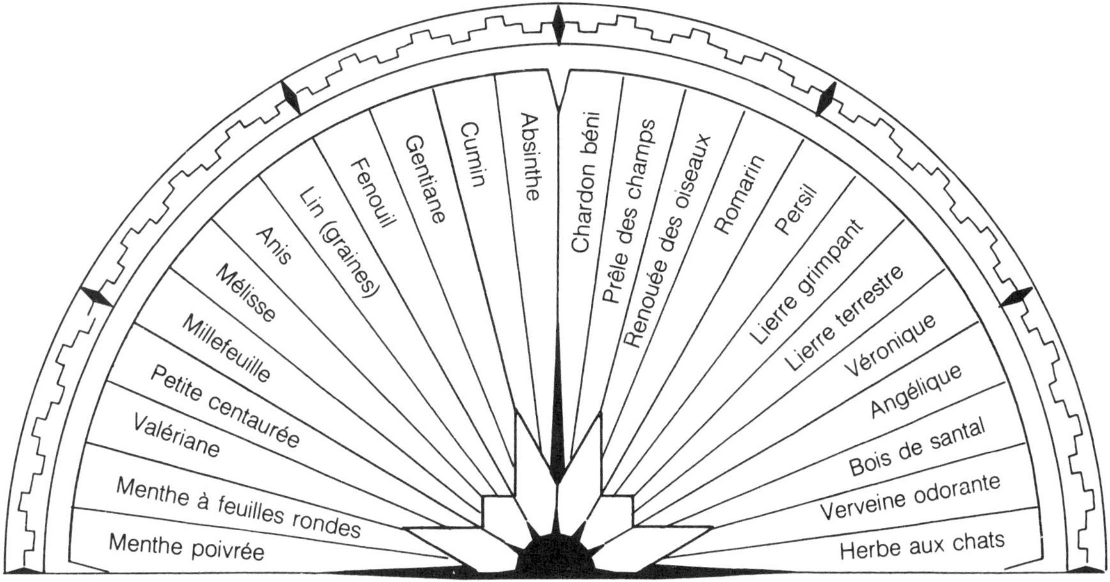

Carte 37.
Maux d'estomac.
Quelle est la plante la plus efficace pour moi ?

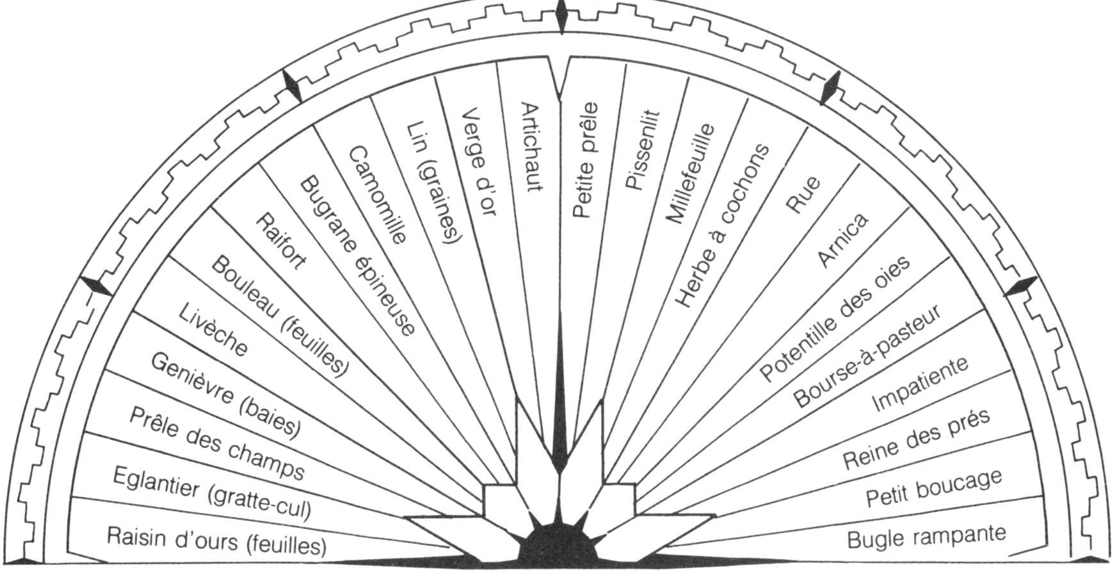

Carte 38.

Troubles des voies urinaires et de la vessie.
Quelle est la plante la plus efficace pour moi ?

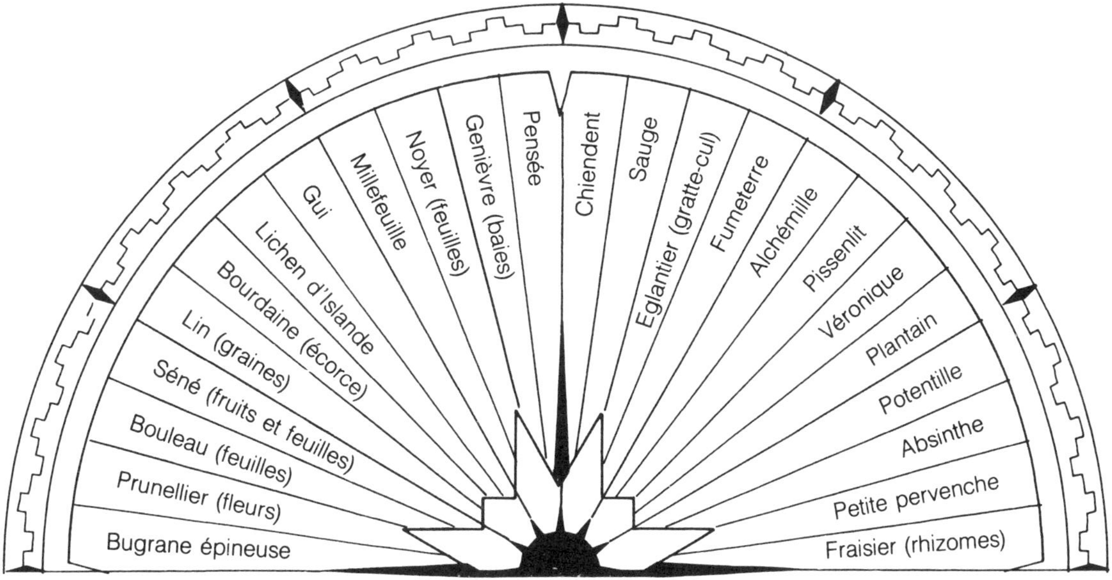

Carte 39.
Tisanes dépuratives.
Quelle est la plante la plus efficace pour moi ?

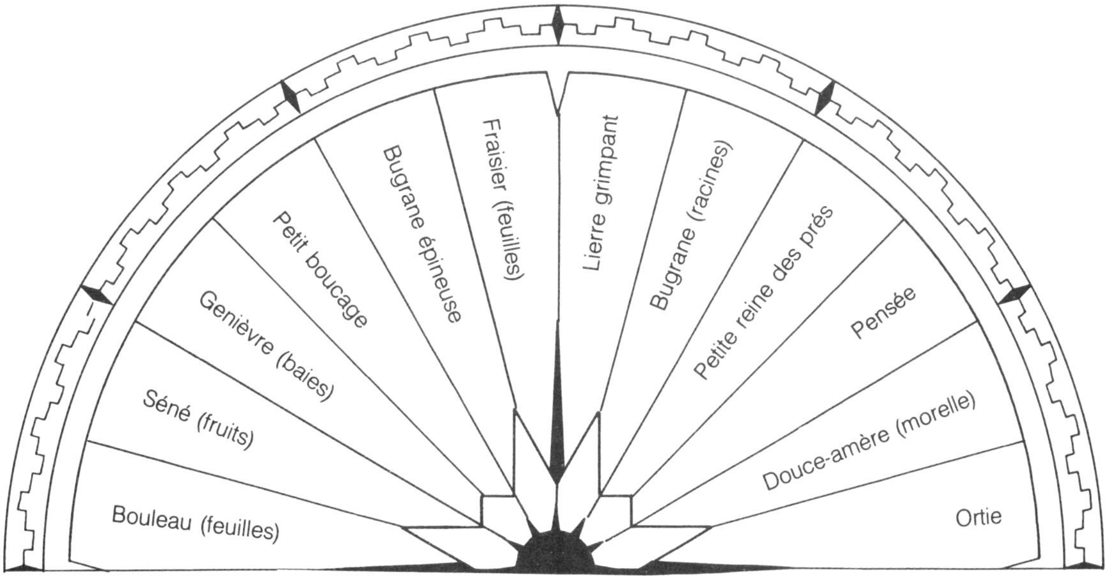

Carte 40.
Douleurs rhumatismales.
Quelle est la plante la plus efficace pour moi ?

Table des matières

CARTES PENDULAIRES CONCERNANT LA SANTÉ

Retrouvez
tous nos coffrets sur
www.editions-trajectoire.fr
...

… ainsi que nos jeux

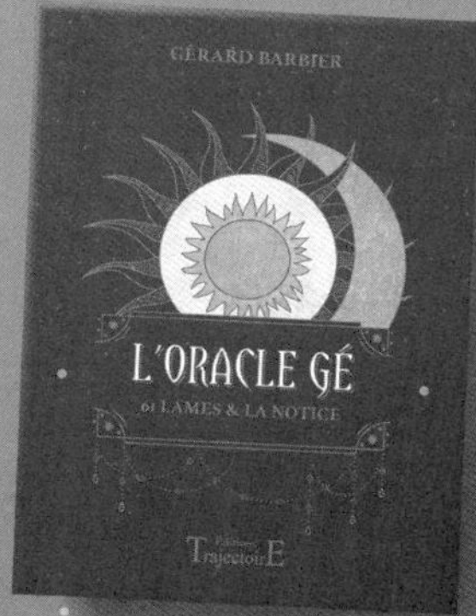

Achevé d'imprimer en Chine en janvier 2021 par Toppan Leefung
Dépôt légal : avril 2021